Manfred Batz

Leadership trifft Fußball

edition winterwork

Bibliografische Informationen der Deutschen Nationalbibliothek:
Die Deutsche Nationalbibliothek verzeichnet diese Publikation in der Deutschen Nationalbibliografie. Detaillierte bibliografische Daten im Internet über http://www.d-nb.de abrufbar.

Impressum

Manfred Batz, »Leadership trifft Fußball«
www.edition-winterwork.de

Satz: cokoon | Raum für Gestaltung
Lektorat: Birgit Rentz, Itzehoe
Umschlagfoto: Marc Köppelmann, Paderborn
Druck und Bindung: winterwork Borsdorf

ISBN 978-3-96014-942-2

Manfred Batz

Leadership trifft Fußball

Impulse, Beispiele und Fallstudien

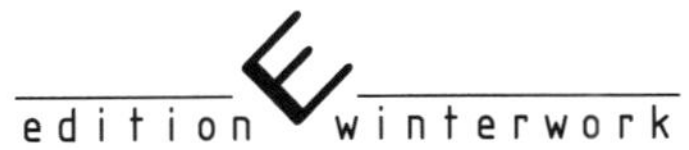

Inhalt

Vorwort

Führungspersönlichkeiten im Fußball stehen vor enormen Herausforderungen. Trainer und Sportdirektoren gelten dabei als Impulsgeber. Ihre Kompetenzen und ihr Talent werden kontinuierlich auch während der Saison neu bewertet. Einzig und allein der sportliche Erfolg eines Teams bildet dabei den Wertemaßstab. Der Fußball ist ein Tagesgeschäft, in dem tägliche Veränderungen komplett neue Sichtweisen und Meinungshaltungen hervorbringen können. Die Aufgabe von Führung ist es nicht, zu überwachen, dass alles regelkonform läuft. Ganz im Gegenteil: Führung hat den Auftrag, für ein Hinterfragen des Status quo zu sorgen und alten Erfolgen zu misstrauen.

Allerdings gilt auch: Je heftiger die Störung der Routinen vorangetrieben wird, desto größer ist die Zahl derer, die das aufhalten wollen. Die wichtigste Maxime des Erfolges ist es, Spieler und Trainerteam zu mehr Selbstständigkeit und Verantwortungsübernahme zu ermutigen und den Rahmen dafür zu schaffen, dass sich diese Haltung entfalten kann. Wer Unselbstständigkeit sät, wird Verantwortungsabschieber ernten. Um ein spezifisches Verständnis zum Thema Leadership zu erhalten, ermöglicht das Buch auch Einblicke in die Unterschiede von Führung in der Wirtschaft und Führung im Fußball. Praxisbeispiele und Fallstudien ermöglichen es, verschiedene Führungsaspekte herauszuarbeiten.

Leadership ist die Fähigkeit, einem Team eine Vision und eine Richtung zu geben, sodass sich deren Mitglieder mit einem Ziel und der Haltung aktivierend identifizieren können. Ein guter Leader ist in der Lage, diese Vision nicht nur sprachlich attraktiv zu formulieren, sondern sie auch mit Werten und Überzeugungen zu füllen und – die wichtigste Voraussetzung von allen – sie durch das eigene Handeln vorzuleben. Ebenso werden mit dem Begriff „Leadership“ Begriffe wie „Intuition“, „Empathie“ und „Inspiration“ assoziiert. Die Vorzüge dieses Ansatzes liegen darin, dass Personen in anspruchsvollen Situationen zu außergewöhnlichen Handlungen inspiriert werden. Nicht nur die Motivationsenergie steht im Fokus des Geschehens, sondern auch, Befriedigung aus der Zusammenarbeit zu gewinnen und das Bewusstsein für Leistung zu kräftigen. Die interdependenten Dimensionen sind im Prinzip idealisierter Einfluss, inspirierende Motivierung, intellektuelle Stimulierung und vor allem individuelle Wertschätzung.

Gerne wird in diesem Zusammenhang auch von „Transformationaler Führung“ gesprochen. Im Gegensatz dazu steht die „Transaktionale Führung“. Diese basiert hier primär auf Hierarchie, dem Management von Beziehungen und der Fähigkeit, Ergebnisse unter der Kontrolle von Systemen, Strukturen und Prozessen zu erzielen.

Fußballtrainer führen einen Kader von mehr als 20 Spielern unterschiedlichster Sprache und Kultur. Sie tragen die Verantwortung für Erfolge und verlieren ihren Job, wenn es schlecht läuft. Sind Fußballtrainer Führungskräfte in Reinkultur und können Manager davon profitieren? Oder sollten Fußballtrainer doch eher von Führungskräften in Unternehmen lernen? Beide Seiten haben vieles gemein: Sie bauen ein Team auf, sie geben Orientierung, sie fördern Kommunikation, sie treffen Entscheidungen, sie sind Vorbild und sie repräsentieren. Alles mit dem primären Ziel, das Team zu Höchstleistungen anzuspornen.

Wer erfolgreich führen will, muss wissen, wie er bei Spielern positive Emotionen entfacht. Begeisterung, Schaffensfreude und Leidenschaft sind der emotionale Treibstoff, der Menschen zu Lust auf Leistung animiert – nicht Druck, Angst und engmaschige Kontrolle. Motiviert ist nur jemand, der Freude an einer Sache empfindet. Das Gehirn schüttet in einem solchen Fall opiumähnliche, euphorisierende Botenstoffe aus, die wie ein Turbo auf die Motivation wirken. Jürgen Klopp ist ein wahrer Meister, wenn es darum geht, diese körpereigene Droge in den Gehirnen der Spieler entstehen zu lassen. Seine ganz besondere Art der Führung verändert Einstellung und Werte und schafft dauerhaft ein höheres Leistungsniveau. „Kloppo" besitzt eine ganz besondere Ausstrahlung und lebt vor, was er von anderen erwartet. Er wird deshalb von seinen Spielern als Vorbild akzeptiert und genießt höchsten Respekt. Diese Führung, die auf hohen moralischen Standards beruht, erzeugt ein tiefes Vertrauensverhältnis. Gleichzeitig ist sie die Basis für die hohe Identifikation der Spieler mit ihrem Trainer.

Erfolgreiche Leader verfolgen eine klare Vision und schaffen es, ihr Umfeld dafür zu begeistern. Sie lösen Inspiration und Optimismus aus. Sie formulieren herausfordernde Ziele, erklären den tieferen Sinn und machen jedem Einzelnen klar, wie wichtig dessen Beitrag für den Gesamterfolg ist. Jeder Mensch ist anders als seine Mitmenschen. Spieler bilden keine identische Gruppe, sondern sind individuelle Persönlichkeiten. Es ist wichtig, einen Spieler zunächst einmal zu verstehen, um dann individuell auf ihn eingehen zu können. Je mehr sich ein Trainer um den Einzelnen kümmert, desto mehr bekommt er zurück. Und das lässt sich im Fußball unmittelbar an Platzierungen und Meisterschaften ablesen.

Erfolgreiche Leader wecken die kreativen und geistigen Potenziale ihrer Spieler und erwarten, dass sie eigenständig denken. Sie ermuntern ihr Umfeld, gewohnte Denkschemata in Frage zu stellen, den Status quo kritisch zu hinterfragen und neue Lösungswege auszuprobieren. Selber mitzudenken, Verantwortung zu übernehmen und eigene Ideen einzubringen, fördert nicht nur die persönliche Entwicklung, sondern ist gleichzeitig ein Beweis für das Vertrauen, das ein Trainer seinem Team oder dem Einzelnen entgegenbringt. Gerade der Fußball zeigt, wie wichtig Führung ist, Menschen zu inspirieren, erfolgreich ein Team zu führen und eine gute Teamleistung zu erzielen.

Die lebhaften und spannenden Storys, die ich für dieses Buch ausgewählt habe, entstanden durch den beruflichen und privaten Kontakt zu interessanten Persönlichkeiten aus den Bereichen Fußball und Business. Eine Andeutung von Tiefgründigkeit erhalten die Storys durch die besondere Verknüpfung mit wissenschaftlichen Erkenntnissen und einem Doppelpass, der zwischen Fußball und Business gespielt wird.

Bedanken möchte ich mich bei Michael Schäfer, Matthias Bialas und Tobias Czarnetzki. Ich danke für die wertvolle Mitarbeit, die kreativen Impulse und die konstruktive Kritik. Ein weiterer Dank gilt meiner sehr geschätzten Lektorin Birgit Rentz. Sie war sowohl für die stilistische Überarbeitung der Texte als auch für die Rechtschreibkorrektur und Grammatik als „letzte Instanz“ verantwortlich. Aufgrund ihrer qualitativ hochwertigen Arbeit konnte noch so mancher Fehler eliminiert werden.

Die Begriffe „Spieler“ und „Mitarbeiter“ einerseits sowie „Führungskräfte“, „Leader“, „Trainer“ und „Coach“ andererseits sind als Synonyme zu verstehen, sie sind jederzeit nahezu 1:1 austauschbar. Neben der männlichen Form spreche ich mit dieser Wortwahl auch nichtbinäre, diversgeschlechtliche Personen an.

Paderborn, im Oktober 2022 Manfred Batz

Carletto, Kloppo & Co.

Sportjournalisten jeglicher Couleur beschreiben Carlo Ancelotti gerne sehr vollmundig als faule Socke. Okay, die meisten Sportjournalisten sind keine Experten für das Thema Leadership. Sie könnten allerdings durchaus wahrnehmen, dass der ehemalige Nationalspieler als erster Coach überhaupt fünf Mal ein Endspiel in der Champions League erreicht hat. Allerdings hat er schon mehrfach Fußballgeschichte geschrieben: Ancelotti ist der einzige Coach, der in den Top-5-Ligen Europas jeweils den Titel holte, und zwar mit Real, Bayern, PSG, Chelsea und Milan. Außerdem ist er zwei Mal Weltklubtrainer des Jahres, zwei Mal FIFA-Klub-Weltmeister, drei Mal UEFA-Cup-Sieger und erfolgreich in allen führenden Ligen Europas. Was zeichnet diesen Trainer aus? Ist es seine Führung? Unsere Antwort ist ein klares Ja.

Carlo Ancelotti führt transformational

Transformationale Führung gilt heute als Leadership schlechthin. Bei anderen Trainern, beispielsweise Pep Guardiola, ist die transaktionale Führung eher weit verbreitet. Dabei stehen klare Anweisungen, konkrete Vorgaben und detaillierte Kontrolle im Fokus des Leaders. Ancelotti hingegen bringt seinen Akteuren vor allem Wertschätzung und Vertrauen entgegen und impft ihnen Selbstbewusstsein ein. Was bei anderen Trainern durchaus als Führungsschwäche ausgelegt werden könnte, gilt bei Ancelotti als Prinzip und ist der Beweis für seine äußerst erfolgreiche Führung mit Partizipation und Eigenverantwortung.

Pep Guardiola führt transaktional

Vor dem spektakulären 3:4 von Real Madrid im Hinspiel bei Manchester sieht man zunächst Pep Guardiola, der aufgedreht ein ganzes Taktikboard vollschreibt und auf seine überforderten Spieler einredet, die sich wie Schuljungen Notizen machen. Dann folgt der Schnitt auf den völlig relaxten Carlo Ancelotti, der mit hochgezogener Augenbraue ebenfalls am Whiteboard steht und dort nur eine Nachricht ans Team eingetragen hat: „Spielt den Ball zu Benzema." Dieser Einblick bringt das Thema auf den Punkt: Hier der verkopfte Guardiola, der seine Profis mit Vorgaben und Anweisungen überfrachtet, sodass sie in den entscheidenden Momenten oftmals nicht mehr weiterwissen, das Falsche tun oder sich nicht mehr auf ihren fußballerischen Instinkt verlassen. Und dort als leuchtendes Gegenbeispiel Carlo Ancelotti.

Transformationale und transaktionale Führung bieten unterschiedliche Vorteile. Die transformationale Führung setzt eine ausgeprägte Teamkultur voraus. Das Team kann sich mit Zielen und Visionen identifizieren und einen höheren Sinn in seinen Aktionen sehen. Die transaktionale Führung ist dagegen stärker geprägt von Zielvorgaben und einem Prinzip der unmittelbaren und direkten Einflussnahme. Transformationale Führung ist sicher die Führung der Zukunft, auch in Unternehmen oder im Profifußball. Bisher steht in vielen Organisationen noch eine sehr klassische Führung auf der Tagesordnung, geprägt von Disziplin und Leistungskontrolle. Diese Führung entspricht keinesfalls den aktuell geltenden Anforderungen. Menschen wollen mehr als nur arbeiten. Menschen erwarten Eigenverantwortung und möchten neue Denkweisen einbringen dürfen. Sie sind offen für Veränderungen und Innovation. Diese Fähigkeiten erlangen Menschen nur im Umfeld einer transformationalen Führung. So passt diese Führung auch mehr zu den Erwartungen der Generation XYZ. Bei der transformationalen Führung kann und muss demnach auch von intrinsisch motivierten Persönlichkeiten ausgegangen werden. Der Grund für die erbrachte Leistung liegt weniger in der Anerkennung von außen als vielmehr in dem Gefühl von Erfüllung. Hier wird der Geführte durch die Persönlichkeit und das Handeln der Führungskraft gewissermaßen „transformiert“, also verwandelt, und auf ein höheres Niveau gehoben. Für den eigenen Einsatz wird keine besondere Gegenleistung erwartet. Stattdessen reicht es aus, durch und mit dem Leader Dinge zu bewegen sowie übergeordnete und anspruchsvolle Ziele zu erreichen.

Menschen sind in der Lage, eigenverantwortlich zu agieren. Statt direkte Anreize zu geben, sorgt die Führungskraft für ein sinnstiftendes Umfeld. Sie gibt einen Rahmen vor, statt Anweisungen zu erteilen. Ziele werden nicht nur von der Führungskraft formuliert, sondern gemeinsam besprochen. Die Führungskraft wird respektiert und als Vorbild gesehen. Sie motiviert durch Kompetenz und emotionale Intelligenz und nicht durch die Position oder den Rang innerhalb der Organisation.

Organisationen, die in einem komplexen Umfeld mit volatilen Märkten tätig sind, müssen sich ständig anpassen. Wer in der Softwareindustrie arbeitet, muss schneller sein als die anderen. Spitzenleistungen können hier nur von Mitarbeitern erbracht werden, die hoch motiviert sind und voll und ganz hinter den Produkten stehen. Die Scrum-Arbeitsweise, die in der Softwareindustrie stark verbreitet ist, basiert zu einem großen Teil auf einer transformationalen Führungsidee. Eine mindestens vergleichbar dynamische Situation finden wir auch im Profifußball, wo Erfolg und Misserfolg oft ganz nah beieinanderliegen. Es ist nicht nur die eigene Leistungsfähigkeit, die zählt, man braucht auch eine gehörige Portion Glück und vor allem den richtigen Coach mit einem hoch qualifizierten Führungsverständnis und nicht zuletzt den richtigen Verein.

Es gibt gute Gründe, warum der transformationale Führungsansatz heute sowohl bei Führungskräften als auch bei Teammitgliedern beliebt ist. Beliebtheit an sich ist aber kein Vorteil, wenn diese Form der Führung nicht ebenso Nutzen bringt. Dieser ist darin zu sehen, dass sich gleich mehrere bedeutsame Faktoren durch eine transformationale Führung verbessern lassen. Wer mit dem Herzen bei der Sache ist, wird das Team auch in Krisenzeiten nicht im Regen stehen lassen: In Organisationen ist dann die Fluktuation gering und die Gesundheitsquote positiv. Intrinsisch motivierte Menschen sind in der Regel glücklicher. Und wer sich mit Ideen und Vorschlägen einbringen kann, erhöht die Innovationsfähigkeit.

Den ersten Schritt zur Veränderung können nur die Führungskräfte selbst einleiten. Kompetenzen wie Empathie und spezielle Softskills sind dabei zwingend erforderlich. Diese Kompetenzen sollten zudem mit den Werten einer transformationalen Führung übereinstimmen. Außerdem benötigen Führungskräfte ein hohes Maß an Selbstreflexion und Selbstsicherheit. Sie sollten in der Lage sein, ihre Schwächen zu kennen und Fehler zuzugeben. Transformation geschieht auf allen Ebenen. Nur im mittleren Management eine transformationale Führung zu etablieren, die dann von der Spitze an der kurzen Leine gehalten wird, bringt gemeinhin sehr wenig Erfolg. Alle Veränderungen der Führungskultur sind ohne Wenn und Aber in der Chefetage zu etablieren. Denn nur dort wird über Erfolg und Misserfolg der Umsetzung entschieden.

Auf der anderen Seite ist die transaktionale Führung eine weltweit noch immer stark verbreitete Form der Führung, da sie auf klaren und in der Regel hierarchischen Strukturen beruht. Bei der transaktionalen Führung werden Anweisungen gegeben, die dann ausgeführt werden sollen. Sicherlich hat sich die transaktionale Führung durchaus weiterentwickelt. Aus einfachen Anweisungen sind in der modernen Wissensgesellschaft Zielvereinbarungen geworden. Die Teammitglieder geben Rückmeldung über den Stand der Zielerreichung. Transaktionale Führung ist geprägt vom Prinzip der unmittelbaren Belohnung. Eine Organisation, die zu einem großen Teil aus festgelegten Arbeitsabläufen besteht, die sich selten verändern, wird eher eine transaktionale Führung befürworten. In produzierenden Bereichen werden immer die gleichen Handgriffe gefordert. Hier gewährleisten klare Vorgaben, dass die Produktion läuft und es Handlungsanweisungen gibt, die vorgeben, wie die Ziele zu erreichen sind. Wo klare Ansagen gemacht werden, kann rasch zugepackt werden. Die transaktionale Führung zeichnet sich dadurch aus, dass sie einfach etabliert und schnell umgesetzt werden kann. Die Menschen benötigen weniger Anlaufzeit, um eine neue Abteilung aufzubauen und diese arbeitsfähig zu machen. Allen wird gesagt, was zu tun ist.

Der Nachteil einer transaktionalen Führung ist, wie bereits ausgeführt, die rein extrinsische Motivation. Es fehlt an weiteren Motivationsimpulsen, um das Engagement zu stärken. Wer sich heute für eine Aufgabe mit mittleren bis hohen Qualifikationsanforderungen bewirbt, will sich nicht den ganzen Tag sagen lassen, was erledigt werden muss.

Wenn Ihre Organisation innovationsgetrieben ist, wenn Sie über Menschen mit spezifischen Fähigkeiten und Kompetenzen verfügen oder wenn Sie in einem besonders starken Wettbewerb stehen, dann ist ausschließlich die transformationale Führung sinnvoll. Sie können auf diese Weise die Last vieler Entscheidungen von sich auf Ihr Team übertragen und sich auf das Gesamtbild und die strategische Ausrichtung konzentrieren. Organisationen, die ihre Kultur entwickeln wollen, die eine über Profite hinausgehende Vision haben und die glückliche Menschen bevorzugen, werden große Vorteile aus einer transformationalen Führung ableiten. Dort, wo sich Menschen aufgrund ihrer Ziele und ihrer Vision motivieren und einen höheren Sinn in ihrer Tätigkeit sehen, finden sich eine ausgeprägte Kultur und eine hohe Identifikation. Transformationale Führung erfordert ein gewisses Mindset. Bei vielen Führungskräften, die von sich denken, transformational zu führen, wird das von außen allerdings so nicht wahrgenommen. Grund ist hierbei oft, dass zwar über die gewünschten Werte und Einstellungen geredet wird, diese allerdings viel zu selten auch von dem entsprechenden Handeln begleitet werden.

Auch wenn die transformationale Führung darauf aufbaut, dass gemeinsam Ziele erarbeitet und erreicht werden, kommt sie nicht ohne einen Orientierungsrahmen aus. Außerdem kann es in visionär geführten Organisationen zu Situationen kommen, in denen unangenehme Entscheidungen getroffen und umgesetzt werden müssen.

Ancelotti ist erfolgreich wie nie

Ancelotti wird gehuldigt – seine Führung ist erfolgreich wie nie. Entsprechend ausgeprägt sind auch die Lobeshymnen seiner Spieler für „Carletto". Als „überragend" beschrieb ihn Kroos knapp. „Er ist wie ein Vater, der auch streng sein kann, aber herzlich, scherzend, freundlich ist", erklärte Torwart Thibaut Courtois, als das Team seinen Mister in die Luft warf und später Bilder von den Feierlichkeiten postete, auf denen Ancelotti mit Zigarre und Sonnenbrille mittendrin war.

Dabei schien sich der 62-Jährige nach seinem Rauswurf beim FC Bayern München im September 2017 bereits auf dem Abstellgleis zu befinden.

Entsprechend groß war die Skepsis, als ihn Real-Präsident Florentino Pérez zurück nach Madrid holte. Allerdings plädierte die Mannschaft um Cristiano Ronaldo schon damals für einen Verbleib des wie jetzt auch wieder absolut beliebten Spielerverstehers an der Seitenlinie. Ancelottis Scheitern in München hatte vor allem zwei Gründe: seine eigene eher mediterrane Einstellung zum Job und sein Vorgänger Pep Guardiola, der ein absoluter Workaholic ist. Der Katalane führte die Bayern-Profis drei Jahre lang transaktional und achtete während der Trainingseinheiten auf jedes Detail. Das Beispiel zeigt deutlich, wie wichtig ein der Situation angepasstes Führungsverhalten ist. Eine vergleichbare Situation gab es auch bei RB Leipzig mit Jesse Marsch. Jesse sagt ganz offen: „Ich habe mich in Leipzig nicht wohlgefühlt. Ich hatte nicht das Gefühl, dass ich dort hinpasse." Wenn das Team und der Führungsansatz nicht zusammenpassen, egal ob transaktional oder transformational, dann ist das grundsätzlich keine gute Idee. Das kann sogar eher für Demotivation sorgen – vor allem bei den Leistungsträgern.

Sie wünschen sich ein Team, das Ihnen vertraut, das kreativ ist und eigenverantwortlich denkt? Earn your Leadership every day.

Das Spiel beginnt

Warum imponieren Ihnen manche Menschen besonders stark? Beispielsweise jene, die stets im Mittelpunkt stehen und über die Sie spontan sagen: „Was für eine interessante Persönlichkeit!" Wie wecken solche Personen unsere Aufmerksamkeit?

Die Antwort ist verblüffend einfach: Diese Personen haben Charisma. Charismatische Menschen wirken souverän, angenehm und anregend. Sie ziehen die Blicke auf sich und mit Worten andere in ihren Bann. Denn sie besitzen die Fähigkeit, in Gesprächen den persönlichen Zugang zu ihrem Gegenüber zu finden. Dadurch gelingt es ihnen, das Vertrauen ihrer (Gesprächs-)Partner zu gewinnen und sie gezielt von ihrem Anliegen zu überzeugen.

Personen mit positiver Ausstrahlung haben es leichter

Eine charismatische Ausstrahlung wirkt auf die meisten Menschen unschlagbar überzeugend, einfach ansteckend und sexy. Dabei geht es um

Gefühle pur – also um das, was für Menschen letztendlich zählt. Hier sieben effektive Sofort-Tipps, wie Sie mehr positive Ausstrahlung in allen Lebenslagen gewinnen.

Tipp 1: Machen Sie sich gute Laune

Es ist tatsächlich so: Erfolgreiches Verhalten beginnt im Kopf! Und bevor Sie andere mit guten Gefühlen positiv beeinflussen können, brauchen Sie diese zunächst einmal selbst. Was können Sie aktiv dafür tun? Sehr viel, denn Stimmungen und Gefühle haben Sie nicht einfach: Sie machen sich diese Gefühle selbst – durch Ihre Gedanken. So wie Sie denken, so fühlen, und noch wichtiger, so verhalten Sie sich. Besonders Ihre Mimik und Ihr Blick verraten anderen, was Sie gerade denken und wie Sie gestimmt sind. Ihre Stimmung überträgt sich. Wer gute Laune hat, macht gute Laune. Die Mimik verrät „Freund" oder „Feind".

Tipp 2: Glaubwürdigkeit ist das A und O

Zwischenmenschlicher Erfolg basiert auf Glaubwürdigkeit. Auf kaum etwas anderes reagieren Menschen so ausgesprochen positiv wie auf echtes, glaubwürdiges Verhalten. Sympathiefördernde Gefühle können Sie nur dann auf andere übertragen, wenn Sie authentisch sind. Ihre Worte sollten immer auch zu Ihrem Verhalten passen. Wollen Sie andere überzeugen, dann seien Sie selbst überzeugt. Vermitteln Sie anderen das authentische Gefühl: „Ich freue mich, Sie zu sehen!" Nicht das schöne Wort, sondern das Verhalten überzeugt.

Tipp 3: Werden Sie ein Meister der Wahrnehmung

Seien Sie hellwach und aufmerksam – spätestens dann, wenn Sie auf andere Menschen treffen. Machen Sie Augen und Ohren auf. Sehen Sie genau hin, was es zu sehen gibt. Hören Sie genau zu, um möglichst viele Informationen zu erfassen, und möglichst genau hin, um den Tonfall, die Botschaften zwischen den Zeilen, mitzubekommen. Achten Sie besonders auf die Stimmung Ihrer Gesprächspartner. So sind Sie gut gerüstet, finden stets den idealen Gesprächseinstieg und wecken echtes Interesse. Zuhören liefert die Information, Hinhören die Stimmung.

Tipp 4: Seien Sie leidenschaftlich

Nichts wirkt auf Ihre Mitmenschen so ansteckend wie echte Begeisterung und Leidenschaft. Achten Sie darauf, wie sehr Ihnen das auch selbst gefällt, was Sie gerade sagen oder tun. Echte Leidenschaft ist Lust auf das Gespräch und Neugier auf den Menschen.

Tipp 5: Nutzen Sie die Kraft des Eindrucks

Für Ihre Ausstrahlung und Ihre Wirkung sind zwei Aspekte ganz besonders wichtig: der erste und der letzte Eindruck. Der erste Eindruck zählt, der letzte bleibt. Der erste Eindruck entscheidet über Sympathie und Vertrauen, Erwartungshaltung und Aufmerksamkeit Ihrer Gesprächspartner. Der letzte Eindruck bestimmt, wie überzeugend Sie wahrgenommen werden und was bei den anderen von Ihnen im Kopf hängen bleibt. Wie gut Ihr erster Eindruck ausfällt, darauf haben Sie sehr viel Einfluss. Denn sind Ihre Gedanken wirklich positiv, haben Sie Lust auf die Situation und Ihr Gegenüber, dann kommt dies auch bei ihm an. Er registriert Ihre innere Einstellung an Ihrer Sprache und Ihrem Körperspiel – und da besonders an Ihrer Mimik. Verfolgen Sie darüber hinaus klare Ziele, dann haben Sie auch genau die überzeugende Verbindlichkeit und die konsequente Entschlossenheit für einen bleibenden Eindruck. Der erste Eindruck zählt, der letzte bleibt.

Tipp 6: Verzaubern Sie mit positiven Worten

Bauen Sie in Ihre Aussagen gezielt Worte ein, die positive Assoziationen wecken. Es gilt, die Wirkung Ihrer Sprache gefühlsbetont zu machen. Benutzen Sie daher Worte wie „innovativ", „traumhaft", „kostbar", „spannend", „wertvoll" oder „wundervoll". Dies sind sogenannte „Magic Words". Solche magischen Schlüsselworte zaubern schillernde Bilder in die Köpfe der Menschen und lassen in ihren Herzen tolle Gefühle entstehen. Sprechen Sie diese Worte deutlich und gut betont aus.

Sie verschaffen sich und Ihren Worten zusätzlich Geltung, indem Sie rhetorische Pausen machen: entweder vor oder nach dem „Magic Word". Verwenden Sie kurze Sätze, denn diese sind leichter verständlich. Und reden Sie bitte positiv. Sagen Sie also, was Sie wollen, statt was Sie nicht wollen. Vermeiden Sie Füllworte und Sprachmarotten wie „äh", „eigentlich", „aber", „müssen", „man", „trotzdem". Was Sie sagen, ist wichtig, das „Wie" meistens entscheidend. Der Ton macht die Musik.

Tipp 7: Charisma lässt sich trainieren

Haben Sie Lust auf mehr Charisma? Dann denken Sie jetzt bitte an eine Situation, die für Sie besonders erfolgreich beziehungsweise positiv war, das Thema spielt dabei keine Rolle. Entscheidend ist, wie stark die positiven Gefühle wieder in Ihnen aufsteigen, die Sie in der betreffenden Situation empfanden. Sie gewinnen an Energie, Ausstrahlung, Wirkung und Überzeugungskraft, eben an Charisma.

Ob Menschen an Ihren Lippen hängen, Sie deren Blicke auf sich ziehen, das hängt davon ab, wie gut Sie sich selbst fühlen. Denn dadurch entscheiden Sie, was Sie sich zutrauen, was Sie selbst ausstrahlen, wie entschlossen Sie sich verhalten und welche Botschaft und welches Gefühl Sie Ihrem Gegenüber vermitteln.

Sie treffen eine Person zum ersten Mal. Und bereits während die Person auf Sie zugeht, ist sie Ihnen sympathisch, noch bevor die Frau oder der Mann ein Wort sagt. Entsprechend offen reagieren Sie. Oder umgekehrt: Eine Person ist Ihnen auf Anhieb unsympathisch. Entsprechend abweisend und „cool" bleiben Sie. Gewiss haben Sie das schon mal erlebt und sich gefragt: „Wie ist das möglich? Das ist doch völlig irrational!" Stimmt! Doch wie Ihnen geht es allen Menschen. Wenn wir jemanden erstmals treffen, entscheidet sich meist binnen weniger Augenblicke, wie der weitere Kontakt verläuft. Sind Sie und Ihr Gesprächspartner sich sympathisch, werfen Sie sich wechselseitig die Bälle zu. Entsprechend locker und unverkrampft ist das Gespräch. Sind Sie Ihrem Partner hingegen unsympathisch, verläuft das Gespräch stockend. Und Sie haben permanent das Gefühl: Die Chemie stimmt nicht; ich komme an mein Gegenüber nicht ran. Das wirkt sich auch auf das Gesprächsergebnis aus.

Wenn wir einen Menschen erstmals treffen, ist er in der Regel für uns ein „unbeschriebenes Blatt“ – und wir sind es für ihn. Doch das ändert sich oft binnen weniger Augenblicke. Dies sei an einem Beispiel illustriert: Nehmen wir an, Sie haben einen Bewerbungstermin. Sie klopfen an die Tür. Ein „Herein“ ertönt. Sie öffnen die Tür, spähen in den Raum und orten Ihren Gesprächspartner am Schreibtisch. Während Sie die Türschwelle betreten, schaut der Partner hoch, steht auf, signalisiert Ihnen: „Treten Sie ein“, und läuft auf Sie zu. In den wenigen Sekunden, die bis zum begrüßenden Händedruck verstreichen, hat sich meist bereits bei beiden Beteiligten der erste Eindruck gebildet.

Vorsicht vor der „falschen Schublade“

Als Folge hiervon werden Sie in eine von drei Schubladen gesteckt, die Ihr weiteres Schicksal bedeuten. Auf diesen kann zum Beispiel „unsympathisch“, „nichtssagend“ oder „sympathisch“ stehen. Oder auch: „blasser Typ“, „08/15-Person“ oder „interessante Persönlichkeit“. Gemeinsam ist Ihnen: Sie können die Schubladen nur schwer wieder öffnen und so die Meinung über sich ändern. Also sollten Sie dafür sorgen, dass Sie von Anfang an in der gewünschten Schublade landen. Das Einsortieren erfolgt anhand verschiedenster Faktoren. Diese lassen sich zunächst den folgenden vier Kategorien zuordnen:

Erscheinungsbild	Kleidung und Statur
Körpersprache	Haltung, Gang und Mimik
Sprechweise	Dynamik, Lautstärke
Sprache	Struktur und Wortwahl

Letztlich entscheiden „Äußerlichkeiten" darüber, ob Ihnen jemand seine Gunst schenkt. Zeigen Sie also Profil. Haben Sie den Mut, anders zu sein. Zum Beispiel aufgrund Ihrer Art, sich zu kleiden, wie Sie die Begrüßung gestalten oder wie Sie auf Aussagen reagieren. Und vertreten Sie auch mal eine andere Meinung als Ihr Gesprächspartner – selbst auf die Gefahr hin, dass dieser Sie verdutzt anschaut. Denn dies bedeutet: Sie haben seine Aufmerksamkeit geweckt. Er nimmt Sie wahr. Somit ist die Basis für eine echte Kommunikation gelegt.

„Small Talk" als Türöffner

Auch durch „Small Talk" hinterlassen Sie einen Eindruck. Ist er positiv, ist die Basis für einen guten Kontakt gelegt. Doch warum fällt vielen Menschen die leichte Unterhaltung so schwer? Ein Grund: Viele mögliche Einstiege wie: „Ganz schön kalt heute", wirken floskelhaft. Für den „Small Talk" gilt: Was Sie inhaltlich sagen, zählt zu Beginn des Gesprächs wenig. Wichtiger ist, wie Sie es sagen. Und wie Sie Ihre Mimik und Körpersprache einsetzen. Beim „Small Talk" machen diese Faktoren über 90 Prozent des Erfolgs aus. Der Inhalt kommt zum Zug, wenn wir das nette Plaudern verlassen und „zur Sache" kommen. Und noch ein Lichtblick: Es gibt ein Erfolgsschema, das jeder lernen kann.

Ein Beispiel: Sie besuchen einen Fachkongress. Im Foyer des Hotels steht eine Gruppe Ihnen unbekannter Personen und unterhält sich. Was tun? Beobachten Sie zunächst die Gruppe. Handelt es sich um eine Duz-Gruppe? Wer kennt wen? Was ist das Thema?

Wichtig bei der Einordnung der Anwesenden: Halten Sie Ausschau nach Gemeinsamkeiten und Details, die einen Gesprächsaufhänger abgeben. Haben Sie einen entdeckt? Dann ist das die halbe Miete. Nun können Sie leicht den ersten Zug machen: „Toll, Sie haben ein Veranstaltungsprogramm. Welchen Vortrag empfehlen Sie mir?" Entscheidend für einen erfolgreichen Einstieg ist die Lust, neue Menschen kennenzulernen.

Die Beispiele zeigen: Am besten steigen Sie beim „Small Talk" mit einer interessanten Frage in die Unterhaltung ein, die nicht mit einem kurzen „Ja" oder „Nein" beantwortet werden kann – also einer offenen W-Frage. Mit zwei Ausnahmen: „Warum ...?" und „Wieso ...?" erfordern eine Rechtfertigung von Ihrem Gesprächspartner. Dies ist eine ausgesprochen schlechte Basis für ein lockeres Gespräch. Und was tun, wenn Sie trotz sorgfältiger Beobachtung keinen Einstieg finden? Dann schütteln Sie einen Joker aus dem Ärmel. Die Frage: „Kennen Sie einen der Referenten?", ist immer ein Sesam-öffne-dich. Ebenso die Frage: „Wie wurden Sie auf diesen Kongress aufmerksam?" Kämmen Sie die Antworten nach Gemeinsamkeiten durch und spitzen Sie das Gespräch darauf zu. Zum Beispiel, indem Sie Aussagen Ihres Partners aufgreifen: „Ach, Sie kennen sich vom Studium?" Um diese Offenheit und Spontaneität zu zeigen, müssen Sie eine positive Grundeinstellung zum „Small Talk" haben und ein ehrliches Interesse an Ihrem Partner. Gespielte Anteilnahme spürt Ihr Gegenüber. Ist Ihr Interesse hingegen aufrichtig und Ihre Einstellung positiv, brauchen Sie nur wenig Gedanken auf Mimik und Körpersprache zu verwenden. Wenn Sie sich zum Beispiel wirklich für den Beruf Ihres Gesprächspartners interessieren, signalisiert dies auch Ihre Haltung.

Vom „Small Talk“ zum „Big Talk“

Häufig ist der „Small Talk“ der Auftakt für ein intensiveres Gespräch. Er öffnet sozusagen die Tür zum weiteren Kontakt, beispielsweise einer verbindlichen Verabredung. Dann sollten Sie im „Small Talk“ eine Zäsur setzen und eine Frage zum weiteren Vorgehen stellen. Würdigen Sie das bisherige Gespräch und stellen Sie dann eine weiterführende Frage.

Ein Beispiel: „Was Sie erzählen, ist spannend. Sollen wir uns nach dem Vortrag verabreden, um das Gespräch zu vertiefen?“ Natürlich sind diese Tipps leichter gelesen als umgesetzt. Probieren Sie deshalb Ihre neu gewonnenen „Small Talk“-Kenntnisse aus. Und wenn Ihnen einmal gar nichts einfällt? Dann lächeln Sie Ihr Gegenüber einfach freundlich an. Das wirkt sympathisch und öffnet Ihnen so manche Tür!

Trauen Sie sich, echt zu sprechen

Wer etwas Wichtiges zu sagen hat, macht keine langen Sätze. Befreien Sie sich von Übergenauigkeit und halten Sie die Sache klar und einfach! Wenn selbst ernannte Experten von „suboptimal“ oder „budgetneutral“

sprechen, dann haben sie einfach nicht den Mut zu sagen, dass etwas schlecht, inakzeptabel oder schlichtweg Quatsch ist oder auch, dass etwas nichts kosten darf. Nutzen Sie klare, echte Worte statt beschönigender Floskeln. Sie gewinnen vielleicht nicht beim Bullshit-Bingo, aber Sie fallen auf. Wer den Mut hat, Dinge beim Namen zu nennen, der wirkt kompetenter. Ihre Aussagen sind stärker, Sie werden als kompetenter wahrgenommen, Menschen neigen eher dazu, Ihnen zu folgen. Trauen Sie sich und verwenden Sie eine kraftvolle Sprache.

Authentisch und glaubwürdig bleiben

Achten Sie auf Ihre Körpersprache. Denn sie verrät mehr über uns, als uns oft bewusst ist. Zum Beispiel ob wir uns in unserer Haut wohlfühlen. Und ob wir unseren Gesprächspartner wirklich sympathisch und interessant finden. Was folgt daraus? Sollten wir unsere Körpersprache gezielt steuern – also zum Beispiel auf Knopfdruck ein Lächeln oder Naserümpfen zeigen? Nein, denn dann verlieren wir unser höchstes Gut: unsere Glaubwürdigkeit und Authentizität.

Auch das haben Sie schon erlebt: Wenn beispielsweise eine Verkäuferin Sie mit zuckersüßem Lächeln und ausgewählter Freundlichkeit bediente und Ihnen zum Kauf eines Pullovers riet, der gar nicht zu Ihnen passte. In solchen Situationen spüren Sie instinktiv: „Das ist nicht authentisch."

Es bringt wenig, Empfindungen vorzutäuschen. Authentisch ist jemand, der auf sein Umfeld stimmig wirkt. Der sich so gibt, wie es seiner Persönlichkeit entspricht, und dabei offen und ehrlich zu sich und seinem Charakter steht. Authentische Menschen sind mit sich im Reinen. Sie stehen zu ihrem Wort und lassen sich nicht verbiegen. Sie haben „Standing" und sind nicht nur ein „Fähnchen im Wind" oder ein Opportunist, der einzig und allein auf seinen Vorteil bedacht ist. Sie kennen ihre Schwächen und Fehler und nehmen diese an. Dies setzt allerdings ein gewisses Maß an Selbstreflexion und Reife voraus, aber auch an Selbstbewusstsein.

Eine authentische Persönlichkeit hat klare Werte, die sie zudem konsequent vertritt. Beispiele dafür sind Dankbarkeit, Unabhängigkeit, Ehrlichkeit, Zuverlässigkeit, Demut und Freiheit. Diese Werte sind überdies auch die Basis von Glück und Zufriedenheit.

Überzeugen statt überreden

Der amerikanische Schriftsteller Mark Twain erzählt: „Es predigte statt des Pfarrers ein Missionar, der eine prachtvolle Stimme hatte. In sehr ergreifender Schlichtheit erzählte er von den Leiden der armen Bevölkerung. Ich war so gerührt, dass ich statt der fünfzig Cent, die ich zu opfern gedachte, die Spende verdoppeln wollte. Die Schilderungen des Missionars wurden immer eindringlicher und ich nahm mir vor, meine Gabe weiter zu steigern: auf zwei, drei, fünf Dollar. Schließlich war ich den Tränen nahe. Ich fand, alles Geld, das ich bei mir trug, reiche nicht, und ich tastete nach dem Scheckbuch. Der Missionar aber redete und redete, und die Sache wurde mir allmählich langweilig. Ich ließ die Idee mit dem Scheckbuch fallen und ging auf fünf Dollar zurück. Der Missionar redete. Ich dachte: Ein Dollar genügt. Der Missionar redete. Und als er fertig war, legte ich zehn Cents auf den Teller." In dieser Story bringt Marc Twain das Thema „zu viel ist schlecht" auf den Punkt.

Fokussiertes Auftreten ist in vielen Bereichen des Lebens nützlich. Wer keinen überzeugenden Eindruck macht, hat das Nachsehen und erreicht sein Ziel schwerer oder gar nicht. Um professionell zu wirken, ist es nicht erforderlich, dass Sie von Natur aus mit diesem Talent gesegnet sind. Es lässt sich trainieren, und wer Erfolg haben will, sollte diesen Soft Skill gezielt fördern.

Keine Botschaft und kraftlose Sätze

Auch in diesem Jahr ist eine Teilnahme am „Bund Deutscher Fußball-Lehrer-Trainerkongress" in Frankfurt am Main für mich unverzichtbar. Bereits im Vorfeld habe ich mir einige interessante Präsentationen vorgemerkt. In freudiger Erwartung nehme ich im Kongressraum Platz, richte meinen Blick gebannt auf den Referenten und schalte mein Gehirn auf Empfang. Kurze Zeit später hat sich die Situation grundlegend geändert. Die Formulierungen des Redners sind langweilig, seine Sätze kraftlos, die Sprache blass, und vor allen Dingen hat der Redner keine richtige Botschaft, keine interessante Story. Die monotone Präsentation plätschert mit den vielen Charts nur so dahin. Keinerlei Funke springt über.

Auch die anderen Zuhörer sinken in ihre Stühle, die Blicke werden glasig. Einige verlassen mit einem entschuldigenden Blick auf ihr Smartphone leise den Raum. Auch ich nutze die Gelegenheit und schließe mich den Flüchtenden an. Hoffentlich habe ich bei der nächsten Verkaufspräsentation mehr Glück und erwische einen besseren Referenten. Das Programm preist das nächste Thema in den höchsten Tönen an. Die Präsentation ist nicht schlecht – aber beileibe auch nicht gut. Der im Programm angekündigte „exzellente Redner" wirkt neben den wirklich gut gemachten innovativen Animationen klein und unscheinbar. Immerhin höre ich ihm zu. Ich nicke sogar hin und wieder. Aber auch bei ihm gibt es kein einziges Aha-Erlebnis. Nichts, womit er mich emotional begeistern kann. Immerhin ertrage ich ihn bis zum Schluss. Trotz guter Inhalte hat der Vortrag keinerlei Spuren hinterlassen.

Hey, jetzt geht es richtig los

Plötzlich höre ich eine laute und dynamische Stimme mit hohem Sympathiegehalt. Ich nehme lachende, begeisterte Zuhörer und spontanes Klatschen wahr. Da muss ich hin, sage ich mir. Ich sehe die strahlenden Gesichter und die leuchtenden Augen der Zuhörer. Der Referent steigert seine Überzeugungskraft mal durch wissenschaftlich fundierte Studien, mal durch bildhafte Beispiele, um dann wieder die Gefühle zu berühren und interessante Impulse zu geben.

Die Zuhörer nehmen ihre Krawatten ab, machen Übungen begeistert mit, tauschen sich mit ihren Nachbarn über das Erlebte aus. Mal leise, dann laut, mal lustig, dann nachdenklich, mal besorgt, dann ermutigend spielt der Keynote Speaker mit den Gefühlen der Zuhörer. Der Applaus zum Schluss ist tosend und keiner will gehen. Noch lange nach Ende des Vortrages diskutieren die Zuhörer in bester Stimmung. Der Vortragende hat das Maximum erreicht. Er hat sich ganz auf die Kraft seiner Worte verlassen und darauf, dass er die Zuhörer erreichen und gewinnen kann. Alles in allem ein Vortrag, der die Köpfe und die Herzen der Zielgruppe erreicht. Denn es geht um Menschen. Nie um Dinge. Immer.

Warum hören Sie manchmal gebannt zu, während Sie ein anderes Mal das Ende nicht erwarten können? Warum sind Sie bei einigen Vortragenden regelrecht gefesselt, während Sie sich bei anderen nur mühsam wachhalten können? Und warum werden Ihnen bei manchen Vortragenden auch schwierigste Inhalte sofort klar, während Sie bei anderen rätseln und vergeblich nach dem Sinn suchen?

Präsentationen sind multimedial. Tablet und Laptop werden eingesetzt, um das Gesagte mit passenden Grafiken, Fotos oder Animationen zu unterstützen. Präsentationen werden nicht mehr genutzt, um Thesen und Argumente aufzuzählen, sondern um diese anschaulich darzustellen. Präsentationen unterstützen den Redner, aber sie ersetzen ihn nicht.

Nutzen Sie PowerPoint oder haben Sie etwas zu sagen?

PowerPoint ist nur eine Möglichkeit, einen Vortrag zu inszenieren. Eine gut erzählte Story, eine griffige Demonstration, eine einleuchtende Skizze am Flipchart sind oft überzeugender, wenn es darum geht, Menschen für sich zu gewinnen. Nutzen Sie die Kraft Ihrer Persönlichkeit.

Auch von den Medien können und sollten Sie lernen, wenn Sie heute bestehen wollen. Das Publikum vergleicht Ihr Tun ganz unbewusst mit den professionellen Inszenierungen der Medien. Die Schwelle, wann etwas als langweilig empfunden wird, ist extrem gesunken. Wer mit Smartphone, Tablet, YouTube, Pinterest oder Twitter lebt, erwartet den rasanten Wechsel und sehr kurze Sequenzen. Paradoxerweise sind die virtuellen Medien für Sie als Redner auch gleichzeitig Ihre größte Chance. Sie bieten den Menschen eine ganz besondere Kostbarkeit, eine persönliche Begegnung in einer zunehmend virtuellen Welt. Ein echter, lebendiger Mensch trifft auf ein echtes, real anwesendes Publikum. Bieten Sie Ihrem Publikum ein Festival der Sinne: Lassen Sie es riechen, hören, schmecken, sehen, fühlen, sich austauschen, spüren, anfassen; lassen Sie es lachen und staunen; integrieren Sie mit Ihren Worten den Einzelnen in eine Einheit, bieten Sie ein gemeinsames, unvergessliches Erleben – schaffen Sie ein Wir. Nutzen Sie die Möglichkeiten, die in dieser besonderen Begegnung stecken. Heben Sie sich ab von der virtuellen, zweidimensionalen Welt! Die Chance liegt darin, die alten, evolutionären Programme anzusprechen, Motive und Symbole zu nutzen und gleichzeitig auf der Höhe medialer Inszenierungen zu sein.

Verknüpfen Sie das Beste aus beiden Welten: Erzählen Sie eine bewegende Story und zeigen Sie anschließend anschauliche Charts; lassen Sie die Menschen die Qualität Ihrer Produkte und Leistungen erleben, spüren und genießen – und lassen Sie dann Zahlen, Daten und Fakten für sich sprechen. Spielen Sie mit Worten und Bildern, und Ihre Verkaufspräsentation wird für Ihre Zuhörer ein unvergessliches Ereignis. Erfolgreiche Menschen konzentrieren sich stark auf die gefühlsmäßige Auswirkung Ihres Vortrags. Alle Tools, wie beispielsweise Inszenierungen, Medien, Argumente, Charts, Kleidung oder Gesten, sind nur Mittel zum Zweck. Sie sind ausgerichtet auf die Frage: Welche Gefühle erzeuge ich mit genau diesem Tool beim Publikum? Erfolgreiche Redner beherrschen die Klaviatur der Gefühle. Sie spielen jedoch nicht nur auf den weißen, hellen, sondern auch auf den dunklen, schwarzen Tasten virtuos und erzielen wie ein Klavierspieler ein harmonisches Ganzes.

Spiegelneurone sind zuständig für Empathie und Sympathie

Kennen Sie das Geheimnis der sympathischen Ausstrahlung? Es sind die sogenannten Spiegelneurone. Sie reagieren auf die Stimme oder auch auf die Körpersprache unseres Gegenübers und lassen Simulationsprogramme ablaufen, die es ermöglichen, mitzuerleben, was in seinem Kopf vor sich geht. Sie befähigen den Menschen, sich in andere hineinzuversetzen, deren Gefühle mitzuerleben und auszudrücken, das heißt zu spiegeln. Wer ganz besonders einfühlsam spiegeln kann, der wird mit Sympathie belohnt. Oder anders ausgedrückt: Wir finden die Menschen am sympathischsten, die uns verstehen und die dieses Verständnis am besten mit ihrer Körpersprache zum Ausdruck bringen. Es sind die Menschen, die unsere Erwartungen, Wünsche und Ziele kennen und die sie am eindrucksvollsten in Worte fassen können.

Wenn Sie den Zuhörer wirklich für sich gewinnen wollen, dann beschäftigen Sie sich zuerst auch mit ihm. Was denkt und fühlt er gerade? Welche Wünsche und welche Erwartungen hat er? Gehen Sie nicht intellektuell an die Sache heran, sondern gefühlsorientiert. Gefühle sind der Schlüssel zum Menschen. Ohne Gefühle gibt es kein Vorankommen. Gefühle sind es, die dafür sorgen, dass Ihre Botschaft ankommt. In der täglichen Flut von Informationen sind es die Gefühle, die die Aufmerksamkeit lenken und Entscheidungen herbeiführen.

Egal ob Sie ein Produkt präsentieren, im Meeting eine neue Idee vorstellen oder eine komplexe Argumentation unter Experten führen: Derjenige, der das Wichtigste extrahiert und mutig auf das Unwichtige verzichtet, ist klar im Vorteil! In der digitalen Welt werden wir mit Abertausenden von Botschaften konfrontiert. Jede Information, die nicht verarbeitet werden muss, ist eine gute. Das schafft Kapazität im Kopf Ihres Gegenübers, Ihre Idee zu behalten. Sie schrecken jeden, der sich außerhalb Ihrer Expertenblase bewegt, durch ein überbordendes Faktenwerk eher ab, statt zu beeindrucken. Der Mechanismus funktioniert so: Was ich nicht verstehe, bereitet mir Unbehagen. Menschen folgen dem, der ihnen ein gutes Gefühl bereitet! Seien Sie mutig und trennen Sie sich von allen Fakten, Beispielen und Details, die nicht unbedingt notwendig sind! Auf Nachfrage können Sie mit Ihrem Back-up-Material immer noch glänzen.

Spielen Sie nur oder trainieren Sie auch?

Hinter all dem steckt natürlich auch eine gute Vorbereitung. Fußballprofis trainieren in der Woche durchschnittlich zehn Einheiten à 120 Minuten, um am Wochenende 90 Minuten zu spielen. Amateure hingegen trainieren eher selten oder nie. Hand aufs Herz: Wie oft trainieren Sie? Wie oft haben Sie Ihre letzte Präsentation oder Ihren letzten Vortrag geprobt, vor dem Spiegel, vor Ihrem Partner, vor Kollegen?

Charisma und Persönlichkeit

Der charismatische Steve Jobs war bei jeder Produkteinführung von Apple der unbestrittene Star. Seine Keynotes zeichneten sich vor allem durch eine unverkennbare Leidenschaft aus. Der begnadete Storyteller schaffte es, ein weltweites Publikum sowohl vor Ort als auch in den Medien mit seinen Vorträgen in seinen Bann zu ziehen und es von seinen Inhalten zu begeistern. So hatten seine Präsentationen mehr den Charakter eines aufregenden Happenings als den einer schnöden Pressekonferenz. Dies zeigt uns mehr als eindrucksvoll, wie bedeutsam gute Präsentationen sein können.

Jobs verstand es meisterhaft, in seinen Vorträgen neben den Fakten auch die Bedeutung ebendieser hervorzuheben. Klar könnte man nur Zahlen vortragen, streng einer Chronologie folgen und mit Definitionen von Begriffen um sich werfen. Doch eine solche trockene Präsentation ermüdet die Zuhörer und sorgt für Langeweile. Daher – und das wusste Jobs – ist es wichtig, den Zahlen, Daten und Fakten eine Bedeutung zu geben und das Publikum vor allem emotional anzusprechen.

Für eine Präsentation bedeutet dies, dass Sie sich fragen, ob die reine Faktennennung wirklich ausreichend ist oder ob Sie die entscheidende Idee hinter den Fakten besser in eine bildhafte Sprache verpacken. Sie versuchen also mithilfe von Adjektiven, Metaphern (= Sprachbildern) oder emotionsgeladenen Worten (z. B. „unglaublich“, „innovativ“ oder „unübertrefflich“), den Zahlen, Daten und Fakten eine Bedeutung zu geben. Setzen Sie diese emotionale und metaphorische Sprache ein, so wird Ihr Sachvortrag zur überzeugenden Botschaft.

Es ist immer sinnvoll, von einem Profi zu lernen. Und von wem könnten Sie mehr über erfolgreiche Präsentationen lernen als von Steve Jobs? Jede seiner Produktpräsentationen war eine einzige Show. Wenn Steve Jobs die Bühne betrat, erstarrten alle, die ihm zusahen. Kein Wunder, denn er verbrachte Stunden damit, sich auf jede einzelne Präsentation vorzubereiten. Er war ein absoluter Profi auf seinem Gebiet. Wer es Steve Jobs gleichmachen möchte, orientiert sich künftig an den zehn Punkten seiner Vortragskunst.

Trainieren, trainieren, trainieren

Ohne Training ist es kaum möglich, eine Präsentation professionell durchzuführen. Präsentationen wirken leicht und ungezwungen, wenn sie gut einstudiert sind und Sie sich deswegen sicher fühlen.

Die Botschaft in den Fokus rücken

Steve Jobs begann keine Präsentation, ohne vorab eine Kernbotschaft bekannt zu geben. „There is something in the air“ – mit diesen Worten begann Steve Jobs die Vorstellung des MacBook Air. Nicht direkt, sondern sehr dezent wies er auf das MacBook Air hin und wiederholte dieses Topic dann auch mehrfach.

Eigene Begeisterung zeigen

Zeigen Sie stets, wie begeistert Sie von einem neuen Produkt, einem neuen Konzept oder einer neuen Idee sind. Klartext ist besser als politisch korrekte, aber langweilige Begriffe. Formulieren Sie einfach, klar und direkt, das ist immer richtig.

Die Struktur kommunizieren

Zu Beginn die Agenda vorstellen und dann klar kommunizieren, wenn ein neues Topic beginnt und endet. Die Zuhörer können so die Struktur des Vortrags besser nachvollziehen.

Zahlen aussagekräftig machen

Überlassen Sie die Interpretation von Zahlen nicht dem Publikum, sondern erklären Sie sie. So lenken Sie deren Interpretation automatisch in die richtige Richtung. Der Merksatz lautet: Je größer die Zahl, desto wichtiger ist es, Vergleiche und bildhafte Darstellungen zu finden, welche die Daten für die Zuhörer relevant machen.

„Dreierregel" beachten

Die Drei ist eine magische Zahl. Beispielsweise die „Dreierregel in der Psychologie", die „Dreierregel zum Überleben". Ebenfalls basiert die klassische Dramentheorie auf einer 3-Akten-Struktur. Auch durch Ihre erfolgreiche Präsentation sollte sich die Drei wie ein roter Faden ziehen. Profis wissen, dass „drei" leichter zu merken ist als „sechs" oder „acht". Die Drei ist eine magische Zahl und hat in der Literatur, in der Mythologie und in der Religion eine ganz besondere Bedeutung.

Einen unvergesslichen Moment schaffen

Schaffen Sie in jeder Präsentation einen unvergesslichen Moment, über den später jeder reden wird. Bauen Sie einen Spannungsbogen dorthin auf. Neurobiologen bezeichnen diesen Moment als „emotionsgeladenes Ereignis". Es ist ein Moment, der den Zuhörern signalisiert: „Merk dir das jetzt!"

Verwenden Sie ausdrucksstarke Bilder

So mancher Vortragende neigt dazu, zu viele Informationen auf seine Charts zu packen. Erläuternder Text sollte nur aus sehr kurzen Sätzen bestehen. Drei oder vier Wörter je Satz können sehr effektiv sein. Manchmal reicht auch ein einzelner Satz wie: „There is something in the air." Die Methode dahinter nennt sich „Picture Superiority".

Den Nutzen darstellen

Stellen Sie den Nutzen für die Zuhörer in den Vordergrund. Gehen Sie nicht auf unzählige Features ein. Die Zuhörer fragen sich ständig: „Wozu brauche ich das?", „Was habe ich davon?" oder „Welchen Nutzen bringt mir das?" Wer diese Fragen aus der Sicht seiner Zuhörer kurz, präzise und prägnant beantworten kann, macht es richtig. Den Nutzen primär auf die individuellen Interessen des Publikums ausrichten.

Keine Angst vor Fehlern haben

Auch bei der besten Vorbereitung kann es während einer Präsentation zu schwierigen Situationen kommen. Es ist dann besser, cool zu bleiben und mit der Präsentation fortzufahren. Niemand wird sich an den Fehler erinnern, wenn man nicht selbst noch darauf hinweist.

Stellen Sie sich Folgendes vor: Sie betreten die Bühne. Die gesamte Aufmerksamkeit ist auf Sie gerichtet. Sie sind verantwortlich für diesen Abend, alle hören nur auf Sie. Es ist faszinierend. Die Hauptsache ist, nicht verloren zu gehen! Genießen Sie diese Aufmerksamkeit. Wenn etwas schiefgeht, erzählen Sie einen Witz oder eine interessante Story. Das menschliche Gehirn wünscht Vielfalt, und niemand, egal wie gut er ist, kann die Aufmerksamkeit des Publikums für eine lange Zeit halten. Das Geheimnis ist einfach: Teilen Sie die Bühne mit anderen. Schaffen Sie mit Unterstützung von Videoclips eine bunte Mischung und beziehen Sie das Publikum mit ein. Es dürfen auch Gastredner und Zuschauer mit hinzukommen. Planen Sie Ihre Präsentationen wie einen Spielfilm.

- eine spannende Story
- Sieger und Verlierer
- Spezialeffekte
- Überraschungen
- Finale

Lassen Sie Ihre Präsentationen immer locker wirken, auch wenn dies das Ergebnis intensiven Trainings ist. Für den ersten Eindruck gibt es keine zweite Chance. Professionell zu präsentieren heißt, das Beste aus der zunehmend multimedial werdenden Welt mit der realen Welt und damit der eigenen Person zu verknüpfen. Seien Sie aber vor allem authentisch. Der authentische Mensch braucht sich nicht hinter PowerPoint oder einer Maske zu verstecken. Wer authentisch auftritt, glaubt an sich. Er weiß, was er leisten kann. Aber er weiß auch, was er nicht kann.

Erzählen Sie eine bewegende Story und zeigen Sie anschließend anschauliche Charts. Lassen Sie die Menschen Ihre Inhalte erleben, spüren und genießen – und lassen Sie dann Zahlen, Daten und Fakten für sich sprechen. Spielen Sie mit Worten und Bildern, und Ihre Präsentation wird für Ihre Zuhörer zum unvergesslichen Ereignis.

Eine der wichtigen Empfehlungen für eine gute Präsentation lautet: Die Sprache muss an den Zuhörer oder den Empfänger gerichtet werden, sie muss gehirngerecht, also verständlich sein. Denn was nicht verstanden wird, kann auch nicht auf Verständnis hoffen. Wenn Sie sich jetzt fragen: „Wie kann ich gehirngerecht und zuhörerorientiert präsentieren?", dann erhalten Sie auf den folgenden Seiten hierzu das Handwerkszeug mit ganz konkreten praxisnahen Tipps und Anregungen.

Vorbereitung einer Präsentation

Klären Sie für sich das zu bearbeitende Thema. Günstig ist es, das Thema als Frage zu formulieren. Das schafft einen aktiveren Zugang zum eigenen Thema. Arbeiten Sie Ihr persönliches Hauptziel oder Ihre Hauptbotschaft heraus: Was sollen die Zuhörer am Ende der Präsentation wissen? Wichtig ist auch, welche Einstellung sie nach Beendigung der Präsentation zum Thema haben sollten.

Denken Sie sich in den Kopf Ihrer Zielgruppe hinein: Welcher Wissensbedarf und welche Fragestellungen sind anzusprechen? Was ist an meinem Thema interessant? Welche Assoziationen und Einwände werden wachgerufen? Arbeiten Sie systematisch die Kernfragen heraus, die vermutlich von Interesse sind. Eine wichtige Vorarbeit ist es, sich klarzumachen, wer die Zuhörer sind, d. h., sich Gedanken zu machen zum Beispiel über ihre berufliche Position, über ihre Ausbildung und die möglichen Vorkenntnisse, ihr Alter, ihre Lernbereitschaft und -fähigkeit, die Einstellung zum Thema, ihre aktuelle Ausgangssituation und ihren Zugang zum Thema. Bedenken Sie stets: Das zentrale Element für den Erfolg einer Präsentation ist Ihr Publikum. Sammeln Sie Ihre Ideen und Argumente und arbeiten Sie diese systematisch mit Blick auf Ihre Hauptbotschaft aus.

Wenn Sie sich einen fundierten Überblick über das Thema Ihrer Präsentation verschafft haben, wird es darum gehen, das Ganze sinnvoll zu ordnen. Beginnen Sie, den Stoff im Sinne des Themas zu gliedern, und zwar im Hinblick auf die Leitidee: Was will ich erreichen (Zielsetzung und Hauptbotschaft)?

Selbstverständlich werden Sie diese Gesichtspunkte schon beim Sammeln und Ordnen im Hinterkopf gehabt haben. Jetzt aber gilt es, sie direkt in einen Aufbau unter gleichzeitiger Berücksichtigung taktischer Momente umzusetzen. Dieses thematische Gerüst ist das Raster für die rhetorisch-argumentative Beschäftigung mit der Präsentation. Als Nächstes gehen Sie an den Rohentwurf Ihrer Präsentation, der ausformulierte Gedanken, Übergänge und Faktenzusammenhänge enthalten sollte. Dabei ordnen Sie alles übersichtlich an, d. h., Sie kennzeichnen die einzelnen Schwerpunkte deutlich und heben Wesentliches besonders hervor. Vielleicht können Sie in diesem Stadium Ihren Entwurf mit anderen Personen diskutieren. Denn das Gespräch darüber führt oft zu neuen Ideen, bringt größere Klarheit ins eigene Denken und Wollen und verhilft vielleicht auch zu treffenderen Formulierungen.

Tragen Sie die drei wichtigsten Argumente in der folgenden Reihenfolge vor – jeweils aus der Sicht des Zuhörers: das zweitwichtigste Argument zuerst, dann das schwächste Argument und kurz vor dem Ende das stärkste Argument. Überlegen Sie sich einen Schluss-Satz, der die Zuhörer zu einer Aktivität auffordert. Je besser es Ihnen gelingt, eine stetige Steigerung zu erreichen, umso direkter fühlt sich der Zuhörer angesprochen. Gerade der gemeinsame Prozess des Entwickelns von Denken im Sprechen kann für Zuhörer sehr spannend in einem durchaus positiven Sinne sein und überzeugender wirken als die druckreife Darstellung.

So besiegen Sie Redeängste

Wenn Sie eine Präsentation vor sich haben, sollten Sie sich nicht nur thematisch und rhetorisch, sondern auch psychologisch vorbereiten.

Dazu gehört vor allem der Abbau von Lampenfieber und Redeängsten. Redeängste sind in Wahrheit meist Angstphantasien, auch Erwartungsängste genannt. Wir stellen uns vor, was alles passieren kann, wie skeptisch oder uninteressiert das Publikum sein wird, welche Zwischenfälle uns möglicherweise erwarten und wie wir nicht in der Lage sein werden, damit zurechtzukommen und das Vorbereitete an den Mann zu bringen. Stellen Sie fest, wovor Sie am meisten Lampenfieber haben. Vor den unbekannten Zuhörern, dem unbekannten Raum, dem unbekannten Thema oder Ihrem eigenen Ich. Ihr Realitätssinn und Ihre mentale Einstellung sollten Ihnen sagen:

- Ich bin auf meine Zuhörer gut vorbereitet.
- Ich habe Wichtiges zu sagen.
- Ich bin kompetent und sehr gut vorbereitet.
- Meine Zuhörer wollen sich informieren lassen.
- Meine Zuhörer sind interessiert.
- Keiner meiner Zuhörer erwartet Perfektion.

Gehen Sie stets positiv mit Lampenfieber um. Nur wenn Adrenalin Sie puscht, können Sie Höchstleistungen vollbringen. Getreu dem Motto: In dir muss brennen, was du in anderen entzünden willst. Wer Lampenfieber verspürt, hat es immer leichter zu überzeugen. Betrachten Sie auch kleine Erfolge nicht als Selbstverständlichkeit. Benutzen Sie einen positiven Gedankenträger. Nehmen Sie einen Gegenstand als eine Art Talisman mit, auf den Sie zunächst bestimmte Gedanken übertragen, um sie dann wieder abzurufen. Die Kognitionspsychologie spricht in diesem

Zusammenhang gerne vom sogenannten Ankereffekt. Berücksichtigen Sie auch die folgenden Verhaltensregeln:

Sicher stehen: Als Ausgangsstellung Füße gleichmäßig belasten, bewusster Bodenkontakt, Muskulatur entspannen, Knie nicht durchdrücken, Arme entlasten.

Ruhig atmen: Einige bewusste Tiefatemzüge (Bauchatmung) tragen zur inneren Sicherheit bei, ausatmen (aber nicht hörbar!).

Aufmerksamkeit der Zuhörer stützen: Um dynamische Sprechweise bemüht sein, durch persönliche Storys auflockern, interessante Vergleiche und Beispiele einbringen. Möglichkeiten der Veranschaulichung nutzen.

Ins Publikum schauen: Blickkontakt halten! Vor allem freundliche, interessierte Gesichter bewusst zur Kenntnis nehmen. Aktiv schauen, statt sich angeschaut zu fühlen!

Langsam beginnen: Sich voll auf das Thema konzentrieren! Stimmliche Mittel dosiert einsetzen, sich allmählich steigern und an gezielte Sprechpausen denken. Den Körper mitreden lassen: Das Gesagte mit Gestik, Mimik und durch Körperhaltung unterstützen, dabei aber jede Theatralik vermeiden.

Hörerbezogen sprechen: Positive Grundeinstellung zum Publikum! Erfahrungen der Zuhörer einbeziehen und Reaktionen beachten.

Leicht begreifbar reden: Anspruchsniveau der Zuhörer realistisch einschätzen! Rede strukturieren und Ablaufschritte deutlich machen. Nie den roten Faden verlieren.

Setzen Sie bewusst auf die rhetorischen Mittel

Zu den rhetorischen Wirkungsmitteln gehört die Sprechweise. Gefühle und Botschaften drücken sich unmittelbar in der Sprechweise aus.

Sprachstilebene: Durch einen Wechsel der Sprachstilebene (Fachsprache, Dialekt etc.) wird die Beziehungsebene aufgebaut.

Sprechtempo: Durch Verlangsamen oder Beschleunigen entsteht mehr Lebendigkeit.

Lautstärke: Geschicktes Variieren bewirkt, dass Wesentliches hervorgehoben und die Aufmerksamkeit der Zuhörer darauf gelenkt wird.

Tonhöhe: Das Auf und Ab der Stimme erzeugt Dynamik. Gegensatz: die einschläfernde Monotonie eines Redners.

Längung von Lauten: In Kombination mit dem Tonfall entfalten gedehnte Worte eine bestimmte Gefühlsqualität oder eine ironische Wirkung.

Stakkato: Das Einhämmern durch Betonung jedes einzelnen Wortes, manchmal sogar jeder Silbe eines kurzen, geradlinigen Satzes.

Portato: Getragene Sprechweise, die Wörter und Sätze schwingen gleichsam aus; wirkt feierlich bis pathetisch, oft kombiniert mit leichtem Vibrato.

Pausen: Bewusste Kunstpausen können vor einer wichtigen Bemerkung Aufmerksamkeit erzeugen und die Wirkung verstärken.

Satzabschluss (weiterführend): Die Stimme bleibt in der Schwebe, die Spannung hält an: „Nichts ist erfolgreicher als der Erfolg."
Satzabschluss (fragend): Die Stimme geht nach oben, die Spannung wird gesteigert: „Wissen Sie, was sich daraus ergibt?"
Satzabschluss (beendend): Die Stimme fällt ab, es entsteht ein Ruhepunkt, Entspannung: „Darüber sollten Sie einmal nachdenken."

Redefiguren und deren Wirkung

Aus der klassischen Rhetorik wurden uns eine Vielzahl von sogenannten Redefiguren überliefert, die auf eine besondere Wirkung angelegt sind. Hier eine Auswahl mit je einem Beispiel:

- *Wiederholung:* Es gibt eine Mehrheit, eine schweigende Mehrheit.
- *Steigerung:* Vertrauen ist gut, Kontrolle ist besser.
- *Variation:* Mit uns können Sie nicht rechnen, wir sagen nichts.
- *Reime:* Außer Spesen nichts gewesen.
- *Veraltete Ausdrücke:* Er trug sein Scherflein dazu bei.
- *Vermischung verschiedener Stilebenen:* Fresstempel statt Restaurant

- *Umschreibung von Sachverhalten:* Er nahm den Hut.
- *Ironie:* BILD – Fakten, Fakten, Fakten.
- *Beschönigung:* Nullwachstum statt Stagnation.
- *Übertreibung:* jemandem einen unschätzbaren Dienst erweisen
- *Untertreibung:* über den Großen Teich segeln
- *Verneinung des Gegenteils:* Ich bin da nicht uninformiert.
- *Wortspiel:* Besser arbeitslose Heere als Arbeitslosenheere.
- *Änderungen im Satzbau:* Sie können ihn haben, den Streit.
- *Figuren der Hörerbezogenheit:* Urteilen Sie doch selbst.

Die Macht des Wortes

Nicht selten erlebt man heute Präsentationen, bei denen es sich lediglich um vorgelesene PowerPoint-Charts handelt; denn sie weisen die typischen Merkmale einer Schreibe auf: Sie sind eher für Leser als für Zuhörer geeignet. Um dies zu vermeiden, machen Sie sich das Prinzip der persönlichen Wirksamkeit bewusst:

Sensus:	Wahrnehmung, Emotionalität, Einfühlungsvermögen etc.
Intellektus:	Sprache, Verständlichkeit, Gliederung, Satzbau etc.
Lingua:	Sprechen, Lautstärke, Geschwindigkeit, Niveau etc.
Corpus:	Selbstwertgefühl, Haltung, Mimik, Gestik etc.

Es wäre optimal, wenn Sie den Zuhörern Verständnishilfen anbieten. Damit wird Ihre Präsentation merk-würdig, also würdig, gemerkt zu werden. Spätestens jetzt sollte klar sein, warum die großen Zeitgenossen in der Regel in Beispielen oder Gleichnissen gesprochen haben. Auf diese Weise haben sie dem Hörer nämlich gleich eine Story zu ihrer Botschaft mitgeliefert. Diese Präsentationen waren besonders gehirngerecht, bildhaft, überzeugend und vor allem verständlich. Beachten Sie deshalb die Stufen der Verständlichkeit:

Einfachheit:	kurze Sätze, geläufige Wörter, konkrete Formulierungen, Fachbegriffe erklären
Gliederung:	gute Unterscheidung von Wesentlichem und Unwesentlichem, alles der Reihe nach
Prägnanz:	keine weitschweifigen Erklärungen, keine langen Monologe, aber auch nicht zu kurz
Stimulanz:	Beispiele aus der Erlebniswelt der Zuhörer, witzige Formulierungen
Engagement:	Gesagtes unterstützen durch Blickkontakt, Mimik, Gestik, Haltung
Sprechweise:	akustisch verstehbar, angemessenes Sprechtempo, deutliche Artikulation

Wir überschätzen Fakten und unterschätzen Emotionen. Die Wissenschaft ist sich einig: Alle unsere Entscheidungen, egal ob es um den Kauf einer Immobilie oder die Einstellung zu einem anderen Menschen geht, sind zu einem großen Teil durch unsere Emotionen beeinflusst. Menschen sind emotionale Wesen. Gerade Fachleute neigen dazu, nur mit Fakten zu argumentieren. Hinter jeder Statistik stecken Menschen, die von Emotionen geprägt sind. Ein ehrliches, emotionales Statement, warum wir für eine Idee brennen, oder eine emotionale Reaktion auf die Idee steigert Ihre Glaubwürdigkeit und bleibt im Kopf. Die hohe Schule der Präsentation ist es, über Worte das Verhalten zu ändern. „Ich bedanke mich fürs Zuhören" ist zwar ein höflicher Satz, aber kein besonders kreativer Abgang. Finden Sie einen Schlusspunkt, der den Zuhörern auch noch nach der Präsentation in Erinnerung bleibt. Es bleibt maximal ein Satz hängen. Egal wie umfangreich Ihre Präsentation ist, Sie dringen dann erfolgreich durch, wenn Sie Ihre Schlussbotschaft auf einen Satz reduzieren. Der Empfänger kann sich Ihre Botschaft leicht merken und sie reproduzieren, d. h.: Er erzählt sie weiter.

Hinterlassen Sie Ihre Zuhörer niemals mit Fragen und Problemen, für die sich keine Antwort oder Lösung abzeichnet. Wenn Sie schlechte Nachrichten kommunizieren, zeigen Sie Auswege oder Lösungsansätze auf. Menschen glauben und folgen denjenigen, die eine Idee haben, wie wir aus einer schwierigen Situation wieder herauskommen.

Gewinnen ist Kopfsache

Wird jemand als Genie geboren oder kann noch werden, was nicht ist? Die Kernfrage, um die sich alles dreht, lautet: Ist eine angeborene Anlage für besondere Leistungen auf einem Gebiet verantwortlich oder entscheidet letztendlich doch die soziale Disposition, ob man als Genie gehandelt wird oder nicht? Andere meinen wiederum, dass weder das eine noch das andere allein für Genialität verantwortlich ist, dies alles nütze nämlich nichts, solange die Motivation nicht stimme.

Ludwig van Beethoven handhabte die Violine ungeschickt, und daher spielte er nur seine eigenen Kompositionen, anstatt seine Technik zu verfeinern. Sein Lehrer bezeichnete ihn als hoffnungslos.

Albert Einstein sprach nicht, bevor er vier war, und konnte nicht lesen, bis er sieben war. Seine Lehrer beschrieben ihn als geistig langsam, ungesellig und immer in seine törichten Träume abschweifend. Er wurde von der Schule verwiesen, und ihm wurde der Zugang zur Technischen Hochschule Zürich verwehrt.

Walt Disney wurde aufgrund mangelnder Ideen von einem Zeitungsherausgeber gefeuert. Er ging mehrere Male bankrott, bevor er sein Imperium aufbaute.

Henry Ford scheiterte mit seinen Unternehmungen und ging fünf Mal pleite, bevor er schließlich erfolgreich wurde.

Beethoven, Einstein, Disney, Ford oder auch Darwin, Kant, Picasso, Gauß, Mozart, Kopernikus – was machte sie alle zum Genie? Weder gemeinsame Lebensverläufe noch sichtlich angeborenes Talent oder Begabung. Übrigens „Talent" bezeichnete mal das Gewicht einer Wassermenge, ein Maß, das einer nicht geringen Geldeinheit entsprach. So konnte man mit einem „Talent" zwanzig Sklaven erwerben. Etwas können bzw. etwas „leisten" hieß somit nichts anderes als „es sich leisten können". Mit der Dominanz des christlichen Weltbildes im 16. Jahrhundert wurde aus „Talent" zunehmend ein Vermögen, das als eine „vom Schöpfer verliehene Gabe des Verstandes" gilt. Was ist zum Beispiel mit der ALDI-Kassiererin, die 600 unterschiedliche Preiscodes kennt? Oder mit jenen Kindern, die ohne spezielle Förderung in gewissen Fächern besonders leicht und schnell lernen, also einfach „talentiert" sind?

Letztlich geht es dabei um Motivation und mentale Stärke. Diese sind immer dann erforderlich, wenn Sie in Situationen geraten, die außerhalb der alltäglichen Routine liegen. Die Psyche ist der beste Freund – und zugleich der größte Feind des Genies. Ursprünglich wurde Mentaltraining als eine Methode zur Optimierung von vor allem sportlichen

Bewegungsabläufen bekannt. Heute wird unter Mentaltraining oder verwandten Begriffen eine kaum überschaubare Vielfalt von unterschiedlichen Ansätzen und Methoden verstanden.

Mentaltraining ist das wiederholte Sich-Vorstellen eines Handlungsablaufes, ohne die Handlung aktiv auszuüben. Der Handlungsablauf basiert auf visuellen, auditiven, olfaktorischen, emotionalen und/oder haptischen Vorstellungen. Der erzielte Erfolg hängt davon ab, wie intensiv die Vorstellung gelingt, d. h., wie gut es gelingt, sich in die Bewegung hineinzuversetzen und die inneren Prozesse nachzuempfinden.

Aufstieg in die 1. Bundesliga! Manch einer hat sicher geschmunzelt, als der Trainer des SC Paderborn 07, André Breitenreiter, diese Vision formulierte. „Unmöglich", „bestenfalls Mittelmaß", „zu wenig Potenzial in der Mannschaft", ätzten Kritiker, sogenannte Experten und Journalisten. Der Erfolg hat gezeigt: André Breitenreiter hat neben exzellenter Fußballkompetenz auch ausgezeichnete Managementqualitäten. Von seiner Arbeitsweise kann jeder Manager lernen. Für Breitenreiter stand fest: Ich will in die Spitze. Und diese Vision vermittelte er den Spielern und dem gesamten Umfeld. Trotz zwischenzeitlicher Kritik – einige forderten sogar schon seinen Rausschmiss – hat er sich nicht aus der Ruhe bringen lassen und stattdessen weiterhin mit seinem Team konsequent seine Ziele verfolgt. Breitenreiter ist eine echte Führungskraft. Er gestaltet, entwickelt, inspiriert, motiviert und ist zudem ein guter Konfliktmoderator. Er setzt sich mit dem Team zusammen und redet darüber, was es erreichen will, was die Vision und das mentale Zielbild sind. Über das Potenzial des Kaders wurde viel geschrieben. „Zu jung, zu unerfahren und kein wirklich großer Spieler", hieß es. Auch davon ließ sich Breitenreiter nicht beirren. Bewusst setzte er auf junge Spieler, schenkte ihnen Vertrauen, auch dann, wenn sie Fehler machten. Vor allem gab er ihnen die Möglichkeit zur individuellen Entwicklung. Der Erfolg und die Stimmung im gesamten Team gaben Breitenreiter recht. Starallüren hat er nicht geduldet. Kein Konflikt wurde nach außen getragen. Hinterher sprachen alle Spieler von „Teamspirit". Und das war keinesfalls nur ein Lippenbekenntnis.

Für den Umsetzungserfolg ist ein Wechseln zwischen mentaler Vorstellung und wirklicher Handlung wichtig, um die Handlung in der Vorstellung immer wieder mit der ausgeführten Handlung abzugleichen. Entscheidend dabei ist, die Aufmerksamkeit auf die im Moment zu verrichtende Aktivität zu konzentrieren, ohne voraus- oder zurückzudenken. Von besonderer Bedeutung ist einerseits die realistische Selbsteinschätzung und andererseits das Vertrauen in die eigenen Fähigkeiten, auch unter schwierigen Bedingungen. Entspannungstechniken, Yoga oder Autogenes Training gehören dagegen eher zu den Randbereichen des Mentaltrainings. Zusammenfassend ergeben sich fünf Schwerpunkte:

- Mentaltraining zum Abbau von negativen Glaubenssätzen
- Mentaltraining zum Abbau von Ängsten
- Mentaltraining zur gezielten Fehlervermeidung
- Mentaltraining zur Steigerung der Leistungsfähigkeit
- Mentaltraining als Instrument zur Teamentwicklung

Auf den Punkt fit sein und volle Leistung bringen, anders lässt sich heute nichts mehr gewinnen, im Berufsleben wie im Spitzensport. Meister des Gelingens sein – genau dann, wenn es darauf ankommt. Es geht also nicht allein darum, positiv zu denken. Ganz im Gegenteil: Mentaltraining ist harte Arbeit. Es ermöglicht, innere Filme zu gestalten oder zu verändern und damit wirksame und konstruktive Verhaltensstrategien für Anforderungen jenseits der Routine zu entwickeln. Wichtig ist, den eigenen Kräften zu vertrauen und an folgende Aspekte zu denken:

Am Anfang stehen Ihre Gedanken:
Was Sie bewegen wollen, müssen Sie zunächst im Kopf bewältigen!

Ihre Gefühle werden mental durch Bilder gesteuert:
Denken Sie an eine Situation, die Ihnen Angst macht!

Machen ist der leichteste Weg zum Erfolg:
Zwischen Einsicht und Verhalten besteht nur ein loser Zusammenhang!

Ihre Motivation kommt von innen:
Wer Selbstdisziplin braucht, ist noch unmotiviert!

Selbsterfüllende Prophezeiung:
Denken Sie ans Gelingen und Sie werden recht behalten!

Entscheidungen lenken Ihre Aufmerksamkeit:
Können Sie spüren, wie das Blut in Ihrem linken Ohrläppchen pulsiert?

Ihr Wille und Ihre Vorstellung sollten identisch sein:

Beim Streit zwischen Wille und Vorstellung siegt immer die Vorstellung!

Nichtbeachtung bringt Befreiung:

Akzeptieren Sie, was nicht zu ändern ist, und befreien Sie sich davon!

Nur der innere mentale Film ist die Basis für Spitzenleistungen. Echte Siegertypen haben verlässliche innere Filme, auf die sie zugreifen können, wenn es darauf ankommt, auch unter höchster Beanspruchung Leistung abzurufen. Mit dem Mentaltraining verfügen Sie über eine Methode, mit der Sie außergewöhnliche Anforderungen meistern können. Die Entwicklung eines mentalen Films setzt sechs Schritte voraus:

Drehbuch erstellen: Zu Beginn steht die Entwicklung eines konkreten, positiven Zielplanes. Gute Zielpläne orientieren sich mit ihren Strukturen und Inhalten an Ihrem augenblicklichen Leistungsniveau, d. h., die anvisierten Ziele müssen realistisch sein.

Regie übernehmen: In diesem Schritt erfolgt die Beschreibung des Prozesses mit eigenen Worten und Verhaltensweisen, die Vorstruktur eines inneren Films. Dies kann in Eigenregie oder Fremdregie erfolgen. Je mehr visuelle, auditive, olfaktorische, emotionale und haptische Sinne hierbei aktiviert werden, umso mehr verfestigt sich der innere Film.

Die Szenen proben: In diesem Schritt werden die kritischen Sequenzen des inneren Films herausgearbeitet. Das sind die Sequenzen, in denen keine Fehler passieren dürfen. In diesem Schritt erfolgt auch die Auflösung von negativen Glaubenssätzen.

Die Szenen aufzeichnen: Hier erfolgt die systematische Verinnerlichung der Szenen, und zwar durch mehrfaches Nachvollziehen. Je mehr Sinne hierbei aktiviert werden, umso mehr verfestigt sich der innere Film. Von zentraler Bedeutung ist dabei die Stimmigkeit aller Sinne.

Den Film laufen lassen: In diesem Schritt wird der Ablauf systematisiert und erhält eine klare Struktur. Der Film wird mehrfach mental abgespielt. Die Sequenzen werden mit einzelnen sogenannten Ankern markiert. Diese Anker können dann in der realen Ausführungssituation blitzschnell aktiviert und abgerufen werden.

Den Film erleben: Der sechste Schritt ist die reale Ausführungssituation. Die Live-Situation wird real erlebt und einem Review unterworfen.

Wichtige Voraussetzung für den Erfolg von Mentaltraining ist, die Komfortzone routinierter Aktivitäten zu verlassen und ebenso konzentriert wie systematisch an sich zu arbeiten. Teams oder Individuen sind nur dann erfolgreich, wenn sie – wie beim Fußball – richtig gut aufgestellt sind, also am richtigen Platz stehen und entsprechend ihrer Leistung und ihrer Kompetenzen richtig eingesetzt sind und sich vor allem auch als Teamspieler verstehen. Der mental Stärkere macht immer das Rennen. Da wird dann auch deutlich, warum Deutschlands Torwart Nr. 1 sich vor Beginn eines Spiels professioneller Entspannungstechniken bedient. Er weiß genau, dass er unter Anspannung nicht seine volle Leistung erbringen kann und nur im entspannten Zustand zu Spitzenleistungen fähig ist. Mittlerweile gelten viele Trainer von Spitzenvereinen im Profifußball als Verfechter dieser Form des mentalen Trainings. Und sie sind sich sicher: Wenn zwei ähnlich starke Mannschaften aufeinandertreffen, wird am Ende das mental gut eingestellte Team gewinnen.

Der Kopf kann genauso trainiert werden wie Muskeln

Im Management wie im Spitzensport ist die Konzentration auf die konkrete Situation entscheidend. Beim Elfmeter ist es unabdingbar, dass sich der Schütze mental auf diese konkrete Spannungssituation konzentriert und sich nicht ablenken lässt. Keinesfalls darf er seine Gedanken in eine andere Richtung lenken, denn knapp daneben ist auch vorbei.

Unser mentales System ist ein extrem hochentwickelter Biocomputer. Wenn wir auf die Welt kommen, dann ist die Festplatte unseres Gehirns noch relativ leer. Als Baby kennen wir nur Lust- und Unlustgefühle. Alle anderen Aspekte, insbesondere negative Gedanken, sind uns fremd. Wie entstehen dann negative Gefühle? Wir lernen positive wie negative Gefühle erst durch ein entsprechendes Training. Wir könnten auch sagen, durch eine mentale Programmierung. Ihre Gedanken können, je nachdem, welcher Art sie sind, sowohl Stimmungskiller als auch Stimmungsaufheller sein. Wenn Sie schlechte Laune vertreiben und sich besser fühlen möchten, dann ist es erforderlich, dass Sie Ihren inneren Dialog, der für die negativen Gefühle verantwortlich ist, durch einen positiven inneren Dialog ersetzen. Eine ganz einfache Möglichkeit, negative Selbstgespräche zu stoppen, sind Fragen, die zu anderen Gedanken führen und die den Blick auf Positives lenken. Was auch immer der Grund für Ihre schlechte Laune sein mag: Es gibt eine einfache Methode, ihr den Garaus zu machen. Ihr Gehirn spielt dabei eine entscheidende Rolle. Wie haben Sie gelernt, sich deprimiert zu fühlen? Indem Sie gelernt haben, sich deprimierende und verzweifelte Gedanken zu machen. Diese Gedanken sind auf der Festplatte Ihres Gehirns in Form von Einstellungs- und Denkprogrammen gespeichert. Wenn Sie nicht aktiv in die Arbeit Ihres Gehirns eingreifen, dann aktiviert es automatisch Gedankenprogramme. Sind diese negativ, dann verspüren Sie auch negative Gefühle.

Durch einfache Fragen, die Sie sich selbst stellen, kontrollieren Sie die Richtung Ihrer Gedanken und damit, wie Sie sich fühlen. Nachfolgend finden Sie Gute-Laune-Impulse, durch die Sie bei regelmäßiger Anwendung Ihr Gehirn entsprechend programmieren können.

Wenn Sie die folgenden Impulsfragen beantworten, werden Sie erkennen, dass sich Ihre Gefühle schlagartig ändern können.

- *Worüber bin ich im Moment glücklich?*
- *Worüber könnte ich glücklich sein, wenn ich es wollte?*
- *Worauf bin ich besonders stolz?*
- *Worauf könnte ich stolz sein, wenn ich es wollte?*
- *Wofür bin ich dankbar?*
- *Wofür könnte ich dankbar sein, wenn ich es wollte?*

- *Wen liebe ich?*
- *Wer liebt mich?*
- *Was begeistert mich?*
- *Wofür könnte ich mich begeistern?*
- *Mit welchen Menschen bin ich gerne zusammen?*
- *Welches sind meine schönsten Erinnerungen?*
- *Was mache ich besonders gerne?*
- *An welchen Orten fühle ich mich besonders wohl?*

Zufriedenheit, gute Laune und positive Gefühle lassen sich ebenso trainieren wie unsere Muskeln. Wenn Sie sich die 14 Fragen regelmäßig stellen, polen Sie Ihr Gehirn dauerhaft um und trainieren intensiv, wesentlich häufiger gute Gefühle zu verspüren.

Die Vorstellung ist wichtiger als der Wille

Etwa 80 Prozent des Erfolges sind das Resultat der inneren Motivation. Erfolg besteht aus dem Willen und der Vorstellung – also der mentalen Stärke. Letztlich entscheidet die Vorstellung und nicht der Wille, ob es uns gelingt, unsere Fähigkeiten im richtigen Moment abzurufen.

Durch limitierende Gedanken, die uns wie geistige Handbremsen blockieren, machen wir uns aber oft selbst das Leben schwer. Wer seine Schwächen kennt und diese akzeptiert, wird merken, dass sie im Grunde nur Hinweisschilder auf dem Weg zum Ziel sind. Sie fordern uns heraus, damit wir uns selber fördern.

Es geht darum, die Schalter im Gehirn umzulegen, damit wir uns nicht selbst im Weg stehen. „Der Unterschied zwischen besonders erfolgreichen und leistungsfähigen Menschen und durchschnittlich leistungsfähigen Menschen besteht im erheblich besser entwickelten Vorstellungsvermögen der Erfolgreichen", so der Motivationsforscher und Harvard-Psychologe David Clarence McClelland.

Die folgende Frage ist entscheidend: „Was kann ich jetzt tun?" Und nicht die Frage: „Was passiert, wenn ...?" Unsere Gedanken sind Kräfte und es liegt ganz allein in unserer Entscheidung, wie wir diese Gedanken nutzen. Wir können sie für oder gegen uns einsetzen. Und genau hier wird über Erfolg oder Misserfolg entschieden.

Wer davon überzeugt ist, dass er wenig Potenzial hat, wird dadurch tatsächlich sein Potenzial nicht voll nutzen. Das sehr passende Sprichwort dazu lautet: „Wenn du einen Fisch danach beurteilst, ob er auf einen Baum klettern kann, wird er sein ganzes Leben glauben, dass er dumm ist." Wer sich minderwertig fühlt, wird sich tendenziell absondern und wenig herzlich, offen und fröhlich auf andere Menschen zugehen, und wer nicht an sich und seine Idee glaubt, der wird kaum damit anfangen, geschweige denn durchhalten.

Die Kraft der Spiegelneurone

Emotionen steuern Verhalten. Diese Aussage der Neurobiologie in Bezug auf Entscheidungen und Entscheidungsprozesse im Allgemeinen hat in den vergangenen Jahren einen „Erdrutsch" im Denken ausgelöst. Für Phänomene, die bisher den erfolgreichen Trainer beschrieben, wie etwa: „Das macht er durch seine Intuition" oder: „Er hat das im Blut", gibt es heute wissenschaftlich fundierte Erklärungsansätze. Entscheidungen sind in der Regel nicht kognitiven Ursprungs. Der Mix der relevanten Informationen, die unser Reizreaktionssystem erreichen und es in die eine oder andere Richtung stimulieren, veranlasst zu einer Aktion. Das geschieht pausenlos und unbewusst. Auch dann, wenn uns unser eigenes Verhalten Rätsel aufgibt und uns die Umstände unseres Handelns in keiner Weise bewusst sind oder werden. Warum ist das so, und welche Schlussfolgerungen können daraus für den Entscheidungsprozess abgeleitet werden? Schon der einladende Empfangs- oder Eingangsbereich eines Kabinentraktes oder der freundlich auftretende Mitarbeiter laden uns ein, uns intensiver umzusehen. Es werden Reize ausgelöst, die uns positive Gefühle vermitteln und uns unbewusst stimulieren. Denken Sie einmal an zeitraubende Wartezeiten, unfreundliche und ungemütliche Wartezimmer, an unfreundlichen oder inkompetenten Service, mangelhafte oder unfreundliche Ansprache, unzureichende Personal- und Beratungsqualität, Nichteinhaltung von Terminen und so weiter. Kleinigkeiten können für erhebliches Unwohlsein sorgen und so eine positive Entwicklung verhindern. Sie lassen eine intensive Beziehung erst gar nicht zu und verhindern den Erfolg!

Umgeben Sie sich mit positiven Menschen

Nur der Trainer, der schon bei der ersten Begegnung einen positiven Eindruck macht, schafft es, eine gute Beziehung zum Spieler herzustellen. Und für einen guten Eindruck gibt es bekanntlich keine zweite Chance. Ein verpatzter Erstkontakt ist im Nachhinein nur sehr schwer korrigierbar und führt zu Voreingenommenheit aufseiten des Spielers. Innere Blockaden, die innerhalb weniger Augenblicke entstehen können, stehen einer langfristig erfolgreichen Beziehung im Wege und lassen sich nur mühsam oder auch gar nicht beheben. Binnen kürzester Zeit entscheidet sich, ob der Funke überspringt oder nicht. Ein Spieler, dem Sie grundsätzlich sympathisch sind, wird immer aufgeschlossener sein, bereitwilliger Fragen beantworten und insgesamt mehr Informationen herausgeben als jemand, den Sie menschlich nicht erreicht haben. Sind wir lustlos oder gerade mal frustriert, wird es schwer, Begeisterung auszustrahlen. Nun ist es ja so: Wenn wir eine Weile an etwas Negatives denken, stellen sich meist auch unangenehme Gefühle ein. Andersherum ist es aber genauso: Wenn wir an etwas Schönes denken, werden wir meist mit positiven Gefühlen belohnt. Sie tun sich also keinesfalls einen Gefallen, wenn Sie sich mit Menschen umgeben, die Sie quasi negativ gefühlsmäßig anstecken und runterziehen. Umgeben Sie sich mit Menschen, die Sie mögen. Genießen Sie den Augenblick mit leckerem Essen und gutem Wein. Spazieren Sie in der Natur, sagen Sie die Wahrheit, tragen Sie Ihr Herz auf der Zunge. Seien Sie humorvoll oder auch komisch, denn für nichts anderes ist Zeit.

Doch wer sind diese Menschen, die Sie mögen, und was macht sie aus? Besonders in extremen Zeiten, gerade bei Stress und Angst, brauchen wir sie, um uns gut aufgehoben zu fühlen – geborgen oder verstanden statt abgelehnt oder schwach.

Menschen, bei denen die Chemie nicht passt, hindern uns daran, zu unseren Gefühlen zu stehen, und verlangen, dass wir sie für uns behalten. Die Guten wiederum würden uns im Ausdruck bestärken. Menschen haben positive und eben nicht so positive Eigenschaften, starke und schwache Seiten. Wir können uns entsprechend aussuchen, bei wem wir uns in den verschiedenen Situationen aufgehobener fühlen. Doch woran erkennen wir die „Guten“ und wo und wie finden wir sie? Dies scheint über Zeit und Raum hinweg eine Grundsatzfrage zu sein, als müssten wir ein Verständnis für dieses „gut oder schlecht“ , „richtig oder falsch“ lernen, wenn es um unsere sozialen Kontakte geht.

Freunde und Bekannte kommen und gehen. Einige bleiben für sehr, sehr lange Zeit, werden unsere Seelenfreunde und Begleiter durch dick und dünn. Komme, was wolle: Sie stehen an unserer Seite und bemerken jede Gemütsverstimmung sofort. Sie sagen geradeheraus, was sie denken, was gut oder schlecht für uns wäre. Sie reagieren aufgeregt, aufgewühlt, ängstlich und auch wütend, wenn sie eine Bedrohung in unserem Leben erkennen. Sie wollen uns schützen und würden alles dafür tun, damit es uns gut geht. Umgekehrt agieren wir genauso.

Ehrliche Gegenseitigkeit, inniges Verständnis über Jahre, Stille und Tausende Kilometer hinweg. Wie ein Band, das „unkaputtbar" ist. Woran erkennen wir diese Menschen, die uns begleiten und die uns das Leben leichter anstatt schwerer machen? Im Umgang mit ihnen stellen wir eine wesentliche Übereinstimmung von Werten und Moralvorstellungen fest. Das bedeutet: Wir verstehen einander. Wir können uns in den jeweils anderen hineinversetzen. Wir teilen eine Vielzahl von Ansichten. Diese Menschen verfügen – wie wir selbst – über einen inneren Kodex. Meist ist es derselbe wie der, den wir in uns tragen. Träume, Wünsche und Visionen stimmen überwiegend überein. Statt Neid stehen Gönnerhaftigkeit und Lernbereitschaft im Vordergrund. Gemeinsam steuern wir auf die Umsetzung von Träumen und Zielen hin. Im Zusammenleben mit diesen Menschen gibt es keine Einschränkungen: Sie lassen uns machen, was uns beliebt, auch wenn sie es nicht verstehen oder es gar ablehnen. Sie akzeptieren uns. Sie schätzen uns mit all unseren guten und weniger guten Seiten. Sie versuchen nicht, uns von ihren Ansichten und Erfahrungen zu überzeugen. Die Verbindung dient grundsätzlich allen Beteiligten. Diese Menschen teilen ihre Freude und ihre Freunde mit uns. Mit ihren Fähigkeiten und ihrer Expertise erleben wir sie jederzeit als Gönner. Sie sind Zuhörer, bester Freund, beste Freundin, Schwesterherz und Bruderherz in einer Person. Sie lieben und vor allem schützen sie ihre Liebesfähigkeit. Diese Menschen denken erst und handeln dann. Ein Kollege sagte einmal: „Man kann sich ja nicht aussuchen, wen man kennenlernt oder mit wem man zusammenarbeitet." Ist das wirklich so? Dem Suchen und Finden von passenden Menschen sollte doch die Gewissheit vorausgehen, wen man sucht und auf welchem Weg dies geschehen soll. Im Zeitalter des Internets scheint dies einfacher möglich zu sein als im analogen Zeitalter. Allerdings birgt das Internet die Gefahr der Schnelllebigkeit, der Austauschbarkeit und der ewigen Optionen.

Die starke Kraft der Spiegelneurone

Neurobiologen und Mediziner haben herausgefunden, dass es eine biochemische Reaktion gibt, wenn Menschen mit anderen Menschen interagieren, und dass diese Reaktionen direkte Auswirkungen auf das Verhalten haben. Ein Ergebnis: Es sind die Spiegelneurone, die dafür verantwortlich sind, dass im Gehirn eines Menschen, der einen anderen bei einer Tätigkeit beobachtet, die gleichen Zellen aktiv sind wie bei dem, der eigentlich aktiv ist. Wer Fußballer auf dem Platz beobachtet, aktiviert demnach die gleichen Gehirnbereiche wie der Fußballer selbst. Situationen werden widergespiegelt, aber nicht in die entsprechende Handlung überführt. Subbewusste Körperprozesse scheinen der kognitiven Kontrolle entzogen. Spiegelneurone reagieren dabei nur, wenn die beobachtete Handlung im eigenen Repertoire bereits vorhanden ist, und greifen auf den Erfahrungsschatz zurück. Das Gehirn nimmt bestimmte

Muster des Gegenübers auf, erkennt diese und kopiert sie. Es entwirft ein Spiegelbild dessen, was gerade passiert. Bestimmte Spiegelneurone werden aktiv und aktivieren in Ihnen dieselben Gefühle wie bei Ihrem Gegenüber. Ganze Teams werden so beeinflusst und Grundstimmungen einer einzelnen Person übertragen sich und pflanzen sich fort.

Verhalten wird kopiert. Je mehr wir uns gegenseitig unterstützen und ermutigen, umso mehr steigt unsere Energie. Umgeben Sie sich dagegen mit Führungskräften, Trainern oder Menschen, die sich stark auf das Negative konzentrieren, dann spiegeln Sie nach kurzer Zeit automatisch deren negative Stimmungen. So landen Sie selbst in einer Negativspirale, weil Sie den Zustand des Gegenübers miterleben.

Es findet somit ein somatischer Perspektivwechsel zwischen Alter und Ego statt. Wir erleben, was andere fühlen, in einer inneren Simulation. Dies führt oft zu einer Art emotionaler Ansteckung, zu spontaner Imitation, zum Gleichschritt und zur Kopie von Duktus und Habitus. Das passiert nicht nur beim Beobachten einer Handlung, sondern zum Beispiel auch beim Hören von Musik.

Sie sollten sich also gründlich überlegen, von wem Sie sich anstecken lassen. Von dem Nörgler, der misstrauisch nur das Schlechte sieht, oder von der Frohnatur, die gut gelaunt ans Werk geht. Intuitiv lassen wir uns eher vom Ranghöheren beeinflussen. Also sollten ebendiese sich gut überlegen, wie sie die Menschen in ihrem Umfeld behandeln.

Mindset Motivation

Es läuft das EM-Finale 2016 in Paris: Cristiano Ronaldo kauert auf dem Boden und jammert gestenreich. Der Schiedsrichter unterbricht das Spiel. Der vielleicht beste Fußballer der Welt kann nicht mehr. Nach einer Attacke des Franzosen Dimitri Payet hat er es noch ein paar Minuten versucht, doch das linke Knie streikt. Weniger die schmerzhafte Innenbandzerrung als die Notwendigkeit, den Platz zu verlassen, lässt ihn Tränen vergießen. Großes Gefühlskino im letzten Spiel dieser EM, in der die Gastgeber nun näher denn je vor dem Triumph stehen. Portugal ohne CR7 – das ist eine andere Mannschaft. Alles dreht sich um den schillernden Weltstar. Nun muss er raus. Nach 25 Minuten. Aber er kommt wieder. Nach dem ersten Schock sammelt er sich, in der festen Überzeugung, dass es ohne ihn nicht geht. Und so kommt es, dass wohl erstmals in der Geschichte des Fußballs ein ausgewechselter Spieler den Trainer ablöst. Offiziell bleibt Fernando Santos im Amt, aber schon in der Halbzeit (0:0) hält „CR7" – eine Kombination aus seinen Initialen und der Rückennummer – die Ansprache. „Das war fantastisch", lobt Verteidiger Cedric die Motivationsfähigkeit seines Kapitäns. Das Ergebnis: Das portugiesische Team trifft in der Person von Éder zum entscheidenden 1:0 gegen Gastgeber Frankreich und wird Europameister.

Das nächste Finale steht vor der Tür. Der Anpfiff ist nicht mehr weit. Die Spannung steigt. Spätestens seit dem grandiosen Sieg der Portugiesen im EM-Endspiel 2016 hat sich die Botschaft „Mentalität ist Qualität" noch stärker ins Bewusstsein gebrannt. Der Weg zum Finale ist kein leichter. Bevor wir es erreichen, müssen wir oft gegen zahlreiche Hindernisse kämpfen, wodurch unsere Motivation Rückschläge erleiden kann. Es hängt jedoch nur von uns selbst ab, ob wir aufgeben oder durchhalten.

Motivation ist die unsichtbare Energie, die jeden Menschen vorantreibt. Sie hilft dabei, neue Ziele zu setzen und Träume und Wünsche zu verwirklichen. Wenn wir motiviert sind, wird die Energie in die richtige Bahn gelenkt und wir sind in der Lage, die zur Verfügung stehende Zeit optimaler zu nutzen. In Momenten, in denen unsere Motivation jedoch geschwächt ist, beginnen wir an Chancen und Zielen zu zweifeln. Wir stellen vorhandene Fähigkeiten infrage, verlieren den Glauben und sind stark gefordert, die verloren gegangene Energie wieder zu aktivieren.

Was genau ist Motivation?

Unter Motivation verstehen Psychologen den Drang und die Erregung eines Menschen, die Ausrichtung ebendieses Drangs auf ein bestimmtes Ziel, die selektive Aufmerksamkeit für bestimmte Reize, die Organisation der Aktivitäten nach einem vorhandenen Muster sowie die Aufrechterhaltung der Aktivität, bis das Erwünschte erreicht oder das Unerwünschte beseitigt ist. Ganz allgemein sprechen Psychologen von Motivation, wenn bei einem Menschen eine Verhaltensänderung festgestellt wird. Sie sagen dann, dass ein innerer Antrieb, die Motivation, zu diesem oder jenem Verhalten bewegt. Grundlage sind Motivatoren wie Ziele, Wünsche, Erwartungen, Vorstellungen oder Bedürfnisse des Menschen, die er in sich trägt und die aufgrund einer Gelegenheit oder eines Anreizes diesen Menschen motivieren und zu einem bestimmten Verhalten führen. Hinzu kommt, dass Motivation und das Verhalten zielgerichtet oder zielstrebig sind und dass sie eine Weile aufrechterhalten bleiben: etwa in dem Sinne, dass der Mensch so lange motiviert ist, bis er ein bestimmtes Ziel erreicht.

Es ist faktisch nicht möglich, jemanden zu motivieren!

Jeglicher Ansatz, jemanden zu motivieren, schießt schon mal in die vollkommen falsche Richtung. Wer glaubt, andere motivieren zu können, der hat Motivation nicht verstanden. Was die Wissenschaft seit Jahren weiß und lehrt, wird in der Praxis nach wie vor falsch interpretiert. Bei der intrinsischen Motivation ist eine Handlung Selbstzweck, die Befriedigung liegt in der ausgeführten Handlung selbst. Bei der extrinsischen Motivation ist die Handlung Mittel zum Zweck. In beiden Fällen – und das ist entscheidend – entsteht die Motivation intrapersonell. Der Grund der Fehlinterpretation liegt vermutlich darin, dass sich viele eine Art Zauberformel wünschen, mit der sich die Menschen ganz einfach antreiben lassen. Die Wahrheit ist leider etwas komplizierter.

These 1: Motivation ist ein intrapersoneller Prozess eines jeden Individuums und kann nicht von Dritten erzeugt werden. Es gibt keine Zauberformel, mit der sich Personen einfach, schnell und grundsätzlich motivieren lassen. Auch dass man mittels Druck niemanden motivieren kann, gehört zum kleinen Einmaleins der Motivationslehre und wird trotzdem von sehr vielen missachtet. Dass aber auch Belohnungen nicht funktionieren, ist für die meisten immer wieder überraschend. Belohnungen funktionieren nur bei extrem einfachen Zielen. Was also tun?

These 2: Inspiration führt zu intrinsischem Engagement. Wer also möchte, dass andere motiviert sind, der darf nicht versuchen, sie zu motivieren, sondern muss sie inspirieren. Er muss wissen, wie der psychologische Prozess der Motivation funktioniert.

These 3: Druck demotiviert – immer.

These 4: Zuhören und inspirieren bedeutet, andere Menschen dabei zu unterstützen, Motivation zu erreichen.

These 5: Flexibilität in den eigenen Methoden hinsichtlich der Eigenheiten der jeweils anderen führt zu einer höheren Gesamtmotivation.

Damit Menschen motiviert sind, bedarf es Inspiration. Zudem sind Rahmenbedingungen zu schaffen, welche die Motivation unterstützen. Dazu zählt, sich Zeit zu nehmen, um mit den betroffenen Personen zu sprechen. Welche Ziele haben sie? Was schätzen sie? Was mögen sie nicht? In welchen Situationen fühlen sie sich motiviert, in welchen nicht? Diese daraus resultierenden Erkenntnisse können dazu genutzt werden, ein unterstützendes Umfeld zu schaffen. Inspiration kann beispielsweise dadurch entstehen, dass individuelle Ziele mit Teamzielen verknüpft und die Verknüpfungspunkte transparent aufgezeigt werden. Es geht primär darum, wie Ziele formuliert und kommuniziert werden. Wer an dieser Stelle Gedanken wie „Nur unter Druck entstehen Diamanten“ im Kopf hat, dem sei empfohlen, sich der Lektüre dieses Kapitels erneut zu widmen.

Intrinsische und extrinsische Motivation

Als intrinsische Motivation wird die Motivation bezeichnet, ein Verhalten an den Tag zu legen, das aus dem Innern eines Menschen und nicht von außen kommt. Wer intrinsisch motiviert ist, tut etwas, weil er es interessant findet, mit Sicherheit Spaß daran hat und dieses Tun als besonders sinnvoll oder auch herausfordernd erachtet. Das Verhalten an sich ist Belohnung genug, ohne dass es auf einen rationalen Zweck ausgerichtet sein muss. Kommt der Anreiz für ein Verhalten von außen, dann hat das etwas mit extrinsischer Motivation zu tun. Ein externer Anreiz kann zum Beispiel Geld, Status, Anerkennung oder auch Druck sein. Intrinsische und extrinsische Motivation schließen sich allerdings nicht aus, sondern bedingen sich gegenseitig.

Die intrinsische Motivation fördert unsere Assoziationsfähigkeit und die Originalität bei der Lösung von Problemen. Zu wissen, welche Aufgaben uns Freude bereiten, und diesen Zeit widmen zu können, ist eine unversiegbare Quelle persönlicher und professioneller Zufriedenheit. Der Aufwand, den wir für uns motivierende Aufgaben aufwenden, ist in der Regel durch große Fortschritte gekennzeichnet. Dies führt dazu, dass wir uns kompetent und zufrieden fühlen. Intrinsische Motivation treibt uns dazu, unser Wissen in den Bereichen zu erweitern, die uns interessieren; eine Aufgabe zu bearbeiten, ohne dass uns jemand darum bittet; Eigeninitiative zu ergreifen, um eigene Werke zu erschaffen.

Beispiel Sport: Wenn Sie nur Sport machen, um abzunehmen oder um mit Freunden mitzuhalten, dann werden Sie das wahrscheinlich nicht langfristig durchziehen und immer wieder Ausreden finden. Betreiben Sie allerdings Sport, weil es Ihnen Spaß macht, dann sind Sie intrinsisch motiviert und es ist viel wahrscheinlicher, dass Sie die Sache engagiert durchziehen.

Beispiel Business: Sie üben einen Beruf aus, nur weil Sie das Geld benötigen? Langfristig werden Sie dann wahrscheinlich nur mit wenig Engagement zur Arbeit gehen. Führen Sie den Beruf aber aus, weil Sie sich für das Tätigkeitsfeld interessieren, werden Sie gerne zur Arbeit gehen und auch Spaß an der Weiterbildung haben.

Fokussieren Sie sich darauf, was Ihnen Freude bereitet. In jedem Bereich werden Sie einen Teil finden, der Ihnen positive Impulse gibt und Sie damit intrinsisch motiviert.

Reputation und Inspiration

Überall, wo Ralf Rangnick als Trainer tätig war, hatte er Erfolg. Seine Visionen haben den Fußball nachhaltig verändert. Seinen Führungsansatz formuliert er wie folgt: „Als Führungspersönlichkeit bist du ein Vorbild. Ob du willst oder nicht. Pünktlich sein, sich vernünftig ernähren, Disziplin vorleben, das alles ist eine Frage der Glaubwürdigkeit. Wasser predigen und Wein trinken wird langfristig nicht funktionieren. Motivation ist im Kern Inspiration, das gemeinsame Ziel zum persönlichen Ziel jedes Einzelnen zu machen. Da, wo wir hinwollen, kriegen wir nichts geschenkt. Nirgendwo. Und deshalb geht jetzt raus und holt euch das, was ihr wollt. Alle, die mitziehen, werden wir auf die Reise in eine neue Ära mitnehmen. Wir wollen für jede Position im Team die bestmöglichen Leute holen, die für uns zu haben sind. Der Teamgedanke muss an erster Stelle stehen, denn nur gemeinsam lassen sich unsere sportlichen Ziele verwirklichen. Das gilt insbesondere auch für einen respektvollen Umgang miteinander. Es geht nicht, dass einer bei Daimler anruft und sich aus dem Katalog ein Auto bestellt. Ein junger Spieler kann nicht schon nach seinem ersten Einsatz mit einem dicken Wagen vorfahren."

Um ein Team zu führen, gibt es nicht nur den einen Führungstypus. Neben der emotional intelligenten Führungsweise treten Typen wie die situative, die transformationale und die transaktionale Führung auf.

Bei der von uns bevorzugten transformationalen Führung nimmt die Führungskraft eine Vorbildfunktion ein. Es ist wichtig, dass sie so ihre Werte und Einstellungen überzeugend vermittelt und dafür Loyalität, Vertrauen, Respekt und Wertschätzung erntet. Ergebnis ist die Motivation zur Veränderung des eigenen Verhaltens, die vom Team selbst kommt, sowie die Inspiration zur Leistungs- und Lernbereitschaft.

Vorbild mit Inspiration und Sinn für Effektivität

Die Führung mittels Vorbildfunktion kann klar mit ihren Vorteilen glänzen. Sie ist für alle Seiten eine große Bereicherung. Folgende Pluspunkte kann diese Führung verbuchen:

Vorteile für das Team

- intrinsische Motivation
- gesteigerte Kreativität
- mehr Teamspirit

Vorteile für die Führung

- bessere Beziehungen
- weniger Stress
- mehr Zeit für Führung

Die Menschen, die für Sie arbeiten, wollen wissen, aus welchen Werten heraus Sie handeln. Als Führungskraft leben Sie das vor, was Sie von den Menschen erwarten. Diese lernen nämlich auch unbewusst durch Beobachtung und Nachahmung. Mittels eines attraktiven Bildes von der Zukunft motivieren Sie und fördern so die Leistungsbereitschaft. Denn ein Mensch, der genau weiß, warum er etwas tun soll, handelt mit mehr Motivation und Kreativität. Überdurchschnittliche Leistungen entstehen durch die Veränderung, also die Transformation der Einstellungen. Die Menschen vertrauen Ihnen, sind loyal Ihnen gegenüber und zeigen Eigeninitiative und Teamgeist. Regen Sie zum Denken an, indem Sie bestehende Denkmuster aufbrechen. Lassen Sie Entscheidungen hinterfragen und Verhaltensweisen überprüfen. Auf diese Weise fördern Sie selbstständiges Denken und etablieren neue Einsichten. Das bedeutet auch, den nötigen Raum zur Selbstentfaltung zu geben. Sie sind gleichermaßen Leader, Manager und Coach, Sie fördern, betreuen und beraten. Selbstreflexion ist eine wichtige Kompetenz. Hinterfragen Sie stets, ob Sie den Ansprüchen, die Sie stellen, auch selbst gerecht werden. Reflektieren Sie immer wieder Ihr eigenes Verhalten als Vorbild.

Eine differenzierte Betrachtung von Leadership, Management und auch Coaching kann durchaus schon als klassisch bezeichnet werden. Sie kennzeichnet unterschiedliches Führungsverhalten, welches sich in der Praxis oftmals in einem wechselseitigen Prozess gegenübersteht. Zu verstehen, dass und wie visionäre Führung, perfektes Management, aber auch emotionales Coaching Hand in Hand gehen können, bleibt somit der entscheidende Schlüssel zum Führungserfolg.

Mit Umsicht zu gestalten und umzusetzen, sind in diesem Zusammenhang die allseits beliebten Führungsgrundsätze. Oft nur Schubladenpapiere, sind sie in dieser Form wohl noch am unschädlichsten. Verfolgen sie doch den Zweck, aus einer gemeinsamen Auffassungsgrundlage heraus jenes Ausmaß an Übereinstimmung im Handeln und Verhalten sicherzustellen, das die gezielte Vermeidung von Widersprüchlichkeiten in den Organisationsprozessen gewährleistet. Gut, wenn dieser Rahmen dann auch eine individuelle Positionsbestimmung ermöglicht und Handlungsfreiräume schafft. Selbständigkeit und Bindung durch Grundsätze dürfen hier keine sich ausschließenden Gegensätzlichkeiten sein, sondern müssen Pole einer Einheit bilden, die in Wechselbeziehungen zueinander stehen.

Die durch Führungsgrundsätze bewirkte Gestaltung des Verhaltens kann sehr weit gehen. Sie bewegt sich zwischen den beiden Polen Handlungsfreiheit und Vorschriftenorientierung. Im ersten Fall ergeben sich aus Konflikten bei der Umsetzung Reibungsverluste, im zweiten Fall werden die schöpferischen, in der eigenen Persönlichkeit begründeten Kräfte des Spielers oder Mitarbeiters lahmgelegt. Grundsätze müssen Ersteres dadurch vermeiden, dass sie ein Handeln aus einem gemeinsamen Geiste heraus bewirken, Letzteres hingegen dadurch, dass sie in der Form allgemeiner Grundsätze vorliegen, deren Anwendung Raum sowohl für eine Anpassung an die jeweilige Situation als auch für eine persönliche Individualität lässt. Ein sehr wesentliches Ziel von Führungsgrundsätzen ist es, die gewünschte Kultur transparent zu machen und so für mehr Führungssicherheit und -verbindlichkeit zu sorgen.

Leadership, Management und Coaching

Ein Leader hat eine Vision und gibt eine Langfristperspektive. Als Vorbild mobilisiert und aktiviert er sein Team und bindet es in seine Gedankenwelt ein. Ein erfolgreicher Leader versteht es, sein Team für die Arbeit zu inspirieren. Er vermittelt den Purpose der Organisation und fördert so eine intrinsische Motivation bei Spielern und Mitarbeitern.

Der Fokus eines Leaders entsteht aus Bedürfnissen.

- Er konzentriert sich auf Entdeckungen.
- Er identifiziert sich mit Leistung.
- Er setzt sich mit Ideen auseinander.
- Er vermittelt Botschaften.
- Er begeistert durch Visionen.

Ein erfolgreicher Manager beherrscht Planung, Budgetierung, Controlling und Prozessmanagement. Er ist in der Lage, Komplexität zu reduzieren und in den Griff zu bekommen. Er steuert die Effizienz der Organisation und setzt Verbesserungsprozesse in Gang.

Der Fokus eines Managers entsteht aus Notwendigkeiten.

- Er konzentriert sich auf Prozesse.
- Er identifiziert sich mit Strukturen.
- Er setzt sich mit Ergebnissen auseinander.

- Er vermittelt Themen.
- Er motiviert durch Lob und Tadel.

Ein Coach befasst sich mit individuellen Entwicklungsprozessen. Er ist in der Lage, Potenziale und Kompetenzen zu identifizieren. Er ist ein professioneller, individueller Begleiter in herausfordernden beruflichen und privaten Lebenssituationen. Zudem fordert und fördert er die Spieler und Mitarbeiter und sieht sich als Impulsgeber für Innovationen.

Der Fokus eines Coaches entsteht aus einer lernenden Organisation.

- Er konzentriert sich auf Potenziale.
- Er identifiziert sich mit Lernen.
- Er beschäftigt sich mit Alternativen.
- Er vermittelt Chancen.
- Er motiviert durch Perspektiven.

Es stellt sich die Frage, ob eine Person zugleich ein erfolgreicher Leader, Manager und Coach sein kann. Sicherlich hat jede Person in der Regel Präferenzen im Denken und Handeln. Das bedeutet aber nicht zwangsläufig, dass Potenziale ausgeschöpft, Kompetenzen entwickelt und Handlungsspektren erweitert werden können.

Leadership, Management und Coaching können trainiert werden, sodass sich hier für Organisationen völlig neue Perspektiven ergeben, wie sie ihre High Potentials auswählen und diese gezielt und mit langfristiger

Perspektive entwickeln können und auch müssen. Gesucht wird also nicht mehr der eine Typ „Leader", auf den sich natürlich alle Organisationen stürzen.

Dies setzt jedoch voraus, dass Organisationen den elementaren Unterschied zwischen Leadership, Management und Coaching verstehen und akzeptieren, um dann systematisch daranzugehen, ihre High Potentials so zu entwickeln, dass sie zu einem späteren Zeitpunkt Verantwortung in unterschiedlichen Rollen übernehmen können.

In letzter Konsequenz bedeutet das dann auch, dass Funktionen grundsätzlich je nach Bedarf abwechselnd mit Leadern, Managern oder auch Coaches besetzt werden können. Bei Organisationen, die dies nicht verstanden haben, werden wir weiterhin deplatzierte Führungsfiguren am Werk sehen: Visionäre, wo es den kühlen Manager bräuchte, kontrollierende Manager, wo es des inspirierenden Leaders bedürfte, und einfallslose Vorgesetzte, wo empathische Coaches vonnöten wären.

Leadership und Situationsvariablen

Stellen Sie sich vor, ein Leader ist nicht dadurch erfolgreich, dass er führt, sondern gerade dadurch, dass er nicht führt. Top-down-Führung ist längst aus der Mode und Old-fashioned Leadership ist passé. Allerdings bereiten hier Hauruckaktionen ohne Purpose, Vision und Strategie oft mehr Probleme, als sie vermeintlich lösen. Doch wie sehen New Leadership und deren Umsetzung konkret aus und warum sind hier die

Situationsvariablen so wichtig? Bei der Frage, welcher Ansatz zweckmäßig ist, sind sich Theorie und Praxis einig: „Der Umsetzungserfolg ist von den Situationsvariablen abhängig!" Je nach Reifegrad des Teams oder des Einzelnen sollten Führungskräfte eine der Situation angemessene Vorgehensweise wählen. Es liegt auf der Hand, dass ein Mensch, dessen sogenannter Reifegrad gering ausgeprägt ist, ein anderes Vorgehen im Leistungszusammenhang erfordert als ein Mensch mit einem stark ausgeprägten Reifegrad. Der Reifegrad umfasst zwei Aspekte: einen sachlichen und einen psychologischen. In sachlicher Hinsicht streben „reife" Menschen Verantwortung an; sie entwickeln dann selbständig ihre Fähigkeiten und ihr Fachwissen. In psychologischer Hinsicht wollen „reife" Menschen etwas erreichen, sie sind motiviert und engagiert.

Standardausrichtungen der Situativen Führung

Telling – Führung durch Unterweisung

Bei einer geringen Reife wird eine Detailorientierung mit überschaubaren Schritten empfohlen.

Selling – Führung durch Nutzenorientierung

Um die zu führende Person durch eine mäßige Reife zu beschreiben, ist es empfehlenswert, mittels Information und Beratung zu führen.

Integrating – Führung durch Mitwirkung

Menschen mit hoher Reife benötigen keine detaillierten Vorgaben. Hier ist es wichtig, die Zielerreichung als integrativen Prozess zu verstehen.

Participating – Führung mit Vereinbarungen
Bei ausgeprägt hoher Reife eines Menschen sollte auf jeden Fall vereinbarungsorientiert geführt werden, damit die Selbstverantwortung in den Vordergrund rückt.

Ziel der situativen Führung ist es, Kompetenzen und Potenziale eines jeden Menschen zu erkennen und auszuschöpfen. Ausgehend vom Reifegrad ist jeweils ein angepasstes Führungsverhalten erforderlich. Zuerst gilt es, den individuellen Reifegrad jedes Einzelnen zu ermitteln. Jeder Spieler oder Mitarbeiter bringt einen unterschiedlichen Reifegrad in Bezug auf seine Tätigkeit mit. Kennzeichen des jeweiligen Reifegrads sind z. B. die Kompetenz, das Entscheidungsverhalten, die Zielorientierung und das Engagement des Spielers oder Mitarbeiters. Danach richtet sich das angemessene Führungsverhalten. Bei der Umsetzung des Führungsverhaltens ist auf jeden Fall auch noch folgender Zusammenhang zu beachten: Der Reifegrad verändert sich im Laufe der Zeit. Deshalb ist auch das situative Führungsverhalten entsprechend anzupassen. New Leadership ist dann immer auch ein sehr dynamischer Prozess.

Feedback im Führungsprozess

Im Berufsleben vollziehen sich permanent Vorgänge der Einschätzung. Ein ehrliches Feedback erleben wir dagegen gerade in der Sportwelt eher selten. Meist wird jedoch vergessen, dass Leistungseinschätzung etwas wirklich ganz Alltägliches ist, da sie fast in jeder Situation, auch ohne ein formales System, stattfindet. Jeder positive oder negative Gedanke über einen anderen Menschen und jede personelle Einschätzung basiert letztlich auf Überlegungen zur Einschätzung einer Leistung, eines Verhaltens, einer Persönlichkeit oder eines Potenzials. Die Zielerreichung hängt immer von der individuellen Leistungs- und Entwicklungsfähigkeit eines jeden – sei es Führungskraft, Spieler oder Mitarbeiter – ab. Grundlage ist, dass durch die Rahmenbedingungen Leistung, insbesondere auch Führungsleistung, gesehen und anerkannt wird. Dazu gehört auch, nicht nur jeden Mitarbeiter klar und deutlich über seine Zielerreichung, seine Leistung und sein Leistungspotenzial aus der Sicht der Führungskraft und der Chefetage zu informieren, sondern auch den Führungskräften Feedback bezüglich ihrer Führungsleistung zu geben. Hier können die sogenannten 360°-Feedback-Konzepte für mehr Klarheit sorgen. Führung ohne Feedback ist kaum denkbar. Anerkennung und Kritik, Förderung und -entwicklung setzen ein zuverlässiges und gültiges Meinungsbild über das Leistungsverhalten des Einzelnen voraus. Es geht dabei aber nicht nur darum, wer der Leistungsfähigste ist, sondern auch darum, über welche Potenziale ein Mitarbeiter verfügt und wie diese in partnerschaftlicher Verantwortung optimal genutzt und gefördert werden können.

Mindset einer anderen Chefetage

Der Leitsatz lautet: „Führung auf Augenhöhe und im Dialog". Teammitglieder sind keine Untergebenen, sondern ebenbürtige Partner. Erfolg entsteht im Team, das von einer charismatischen Führung und einer offenen Kultur, die Fehler verzeiht und das Miteinander fördert, profitiert.

Ein wichtiger Grundsatz für Führungskräfte lautet, dass sie sich selbst kennenlernen und führen, bevor sie andere Menschen führen. Es bedeutet auch, den eigenen Charakter zu analysieren, Stärken und Schwächen zu erkennen und den Umgang damit zu erlernen. Authentisch und sicher aufzutreten sowie souverän mit Problemen umzugehen, stärkt die eigene Position.

Leadership of tomorrow

Erfolgreich war Kapitän David Marquet, Kommandant des Atom-U-Bootes USS Santa Fe, nicht, weil er Befehle gab, sondern weil er keine gab. Er machte das U-Boot vom schlechtesten in der Flotte zum erfolgreichsten, indem er ein besonderes Leader-Leader-Führungsmodell entwickelte. Auf seinem U-Boot warf er den blinden Gehorsam über Bord und revolutionierte die Führung an Deck, indem er seiner Crew Mitbestimmung ermöglichte. Das U-Boot bestand nicht nur die Inspektion, sondern erreichte die beste Bewertung, die es jemals gab. Was können wir daraus lernen? Erfolgreiche Führung ist geprägt von Veränderung. Im Fußball, im Business sowie in vielen anderen Bereichen ist eine Top-down-Kommunikation längst aus der Mode. Doch wie sieht New Leadership und dessen erfolgreiche Umsetzung konkret aus und warum ist ein Mindshift dabei so wichtig?

Auf die Santa Fe war David Marquet kurzfristig berufen worden. Sie war ein Bootstyp, den er kaum kannte – normalerweise kennt ein Kapitän jede Schraube auf dem Schiff, das er befehligt. Aus seinen Untergebenen machte Marquet in dieser Situation Anführer. Anstatt Befehle zu geben, begann er, Fragen zu stellen. Auf diese Weise gab er jedem an Bord dessen Verantwortung zurück.

Das war für die Seeleute nicht einfach, aber es bedeutete auch für Marquet eine Herausforderung. Er war ja auch darauf konditioniert, den Menschen zu sagen, was sie zu tun hatten. „Eine Führungskraft ist verantwortlich für die Kultur“, sagt Marquet heute. Er wurde der Kapitän über die Kultur – über die Atmosphäre an Bord, in der es seiner Crew möglich sein sollte, sich zu entfalten. Er umgab sie mit einem Sicherheitsring, in dem sie beschützt waren und in dem sie auch Fehler machen durften.

„Command and Control“ ist out

Gefragt ist ein Umdenken in der Chefetage, denn die Rolle der Führungskraft wandelt sich: Die Zeiten, in denen sie ausschließlich im Sendemodus aktiv war, sind vorbei – heutzutage bedarf es des Empfangsmodus. Leadership impliziert nun nicht mehr nur das „Command and Control“-Prinzip, stattdessen wird eine zeitgemäße Führungskraft zum Coach, zum Mentor und zum Sparringspartner für ihr Team. Die Schlüsselwörter hier lauten „Partizipation und Kooperation“, „Transparenz und Selbstreflexion“, ebenso wie „lebenslanges Lernen“.

Wandel kommt jedoch selten einem Sprint gleich. Um Veränderungen im eigenen Unternehmen umzusetzen, braucht es Zeit – und zukunftsweisende Impulse. Zudem gehen Fortschritt und Weiterentwicklung auch im Arbeitskontext mit Wachstumsschmerz und Herausforderungen einher: Komplette Arbeitsprozesse und Organisationsstrukturen müssen neu definiert werden, und auch vor der Unternehmenskultur macht die Veränderung keinen Halt. Kein Wunder, dass moderne Führungskompetenzen wie klare Zielformulierungen, Kommunikation, Motivation und situatives Eingreifen an Bedeutung gewinnen, um ein Unternehmen erfolgreich ins neue Zeitalter zu bringen.

Wie New Leadership in der Praxis aussieht und mit welchen Herausforderungen sich Führungskräfte konfrontiert sehen, zeigen die Coronapandemie, die damit einhergehende unumgängliche Digitalisierung und deren Auswirkungen auf den Arbeitsalltag. Die Krise forciert die Frage nach der richtigen Führung, denn plötzlich steht das Großraumbüro leer. Die Mitarbeiter arbeiten von zu Hause aus – geführt werden sollten sie trotzdem. Um sich für Herausforderungen wie diese zu wappnen, sollten Führungskräfte bereit sein für Veränderungen. Genauso wie die Mitarbeiter lernen, sich im Homeoffice zu strukturieren, sind Führungskräfte gefordert, dazuzulernen und neue Kompetenzen aufzubauen. Sie sollten in der Lage sein, Verantwortung zu teilen und ihrem Team auch remote eine Vision und ein Teamgefühl zu vermitteln.

Stellen Sie sich einmal konkret vor, Sie sind nicht deshalb erfolgreich, weil Sie führen, sondern weil Sie nicht führen. Einfach ausgedrückt soll Ihr Verhalten Ihre Mitarbeiter ermuntern, selbstständiger zu agieren, und sie inspirieren, in Eigeninitiative herausfordernde Ziele anzugehen. New

Leadership ist das Buzzword der Stunde. Weg von eingefahrenen Führungsstrukturen, hin zur Selbstführung. Ist es wirklich sinnvoll, gewachsene Strukturen von jetzt auf gleich zugunsten der digitalen Transformation über den Haufen zu werfen? Hauruckaktionen ohne Purpose, Vision und Strategie bereiten oft mehr Probleme, als sie vermeintlich lösen. Es geht immer um eine konstruktive Auseinandersetzung mit modernen Führungsprinzipien und um mehr Gelassenheit im Umgang mit modischen Trends.

Die Herausforderungen der digitalen Transformation scheinen viele Führungskräfte zu überfordern. Stichworte wie „Ambiguitätstoleranz" und „Ambidextrie" stehen im Raum. Aber was bedeuten sie für Organisationen, die sich schon in der alten Welt nur um die eigene Achse gedreht haben? Warum sind klassische Prinzipien, Werte und Tugenden immer noch hilfreich, um den Mythen der neuen Welt zu begegnen? Wer sich dem Thema New Leadership nähert, merkt schnell, dass weitere Definitionen existieren, die sich ebenso auf moderne Führung in der neuen Arbeitswelt beziehen. Dazu gehören Begriffe wie „Digital Leadership", „Agile Leadership" oder „Shared Leadership". Die dahinterstehenden Konzepte schließen sich jedoch nicht gegenseitig aus, sondern ergänzen sich vielmehr. New Leadership ist eine veränderte Sicht auf Führung. Statt Aufgaben an Mitarbeiter zu delegieren, arbeiten diese eigenverantwortlich. Dazu benötigen die Führungskräfte ein hohes Maß an Mut und Vertrauen. New Leadership zielt auf flache Hierarchien ab. Die traditionelle Führungskraft verliert dabei den Status als Leitwolf und wandelt sich zum begleitenden Coach.

Eine erfolgreiche Führungskraft versteht es, ihr Team für die Arbeit zu inspirieren, und fördert so eine intrinsische Motivation bei den Mitarbeitern. Das bedeutet, dass sich die Mitarbeiter aus ihrer Arbeit heraus motivieren und keine Anreize von außen, also keine extrinsische Motivation benötigen. Sie handeln und entscheiden im Sinne des Unternehmens. Die Führungskraft gibt einen Teil der Macht ab und minimiert damit auch ein gewisses Maß an Kontrolle. Führungskraft und Mitarbeiter begegnen sich auf Augenhöhe. Emotionale Kompetenzen des Leaders stehen bei diesem Grundgedanken im Mittelpunkt.

Die digitale Transformation hat in den letzten Jahren unsere Arbeitswelt nachhaltig verändert. Unternehmen stehen in der Praxis vor der Aufgabe, schnelle Prozesse mit kreativen Ideen zu vereinen, um im Wettbewerb mitzuhalten. Business verändert sich durch neue Technologien, digitale Tools und Arbeitsformen wie Homeoffice oder kollaborative Zusammenarbeit. Darauf zu reagieren, ist für Firmen immer wichtiger, damit sie wettbewerbsfähig bleiben. Zeitgeist und Innovation bei Produkten oder Dienstleistungen gelten im Rahmen der Digitalisierung als Alleinstellungsmerkmal. Die dafür notwendigen Abläufe im Unternehmen aufzubauen, zu steuern und zu fördern, ist ein Kennzeichen für progressives Leadership. Arbeitsplätze befinden sich heute nicht mehr ausschließlich im Büro. Viele Menschen arbeiten remote von zu Hause oder sitzen mit ihrem Laptop am anderen Ende der Welt. Damit dezentrale Teams weiter erfolgreich zusammenarbeiten, ist Digital Leadership gefragt. Führungskräfte tragen Verantwortung, die Organisation von Mitarbeitern im Büro und externe Mitarbeiter zu koordinieren, damit Arbeitsprozesse funktionieren. Gerade die Vielfalt von Arbeitnehmern, die alle ihren individuellen Purpose in das Team einbringen, erfordert eine agile Führung. Menschen, die gerne selbstständig arbeiten, benötigen Freiräume, während andere Kollegen nach wie vor auf strukturierte Vorgaben angewiesen sind. Gleichzeitig gewinnt Work-Life-Balance an Bedeutung. Auch hier ist Change Management unverzichtbar geworden.

Empathie, Kreativität oder Inspiration

Wer seine Mitarbeiter auch im Zeitalter technischen und digitalen Fortschreitens produktiv halten möchte, muss vor allem motivieren können. Obwohl die Anzahl der intelligenten Maschinen in der Wirtschaft zunimmt, verfügen Menschen über Wesenszüge, die auch künstliche Intelligenz nicht bietet. Die Rede ist von Empathie, Kreativität oder Inspiration, um nur einige Attribute zu nennen. Wer mit seiner Führung Mitarbeiter mittels Motivation in ihrer Produktivität steigern will, sollte sich auf ihre Bedürfnisse einstellen. Dazu zählen Spaß an der Arbeit und eine positive Atmosphäre im Team. Darüber hinaus stärkt auch Rückendeckung, wenn etwas schiefläuft, das betriebliche Klima. Arbeitnehmer wollen einen Sinn oder eine Vision sehen in dem, was sie tun: ihren Purpose. Nur so werden sie zu wertvollen Mitarbeitern, die ihr Unternehmen weit nach vorne bringen. Erfolg entsteht im Team, das von einer charismatischen Führung und einer offenen Unternehmenskultur, die Fehler verzeiht und das Miteinander fördert, profitiert. Die Angst, falsch zu entscheiden, führt sowohl bei Angestellten als auch bei CEOs dazu, dass Abläufe weniger produktiv sind oder stagnieren. Führungskräfte nehmen diese Furcht von den Schultern ihrer Mitarbeiter, vermitteln Vertrauen und regen gemeinsame Lösungen an, Fehler vorbeugend zu verhindern. Ein wichtiger Grundsatz für Führungskräfte lautet, dass sie sich selbst kennenlernen und führen, bevor sie andere Menschen anleiten. Konkret bedeutet dies, auch den eigenen Charakter zu analysieren, Stärken und Schwächen zu erkennen und den Umgang damit zu erlernen. Diese individuelle Studie hilft enorm, die Führungsrolle im Job positiv zu gestalten. Authentisch und sicher aufzutreten sowie souverän mit Problemen umzugehen, stärkt die eigene Position. New Leadership lässt sich nicht mithilfe eines Studiums oder einer Ausbildung erlernen. Vielmehr bedarf es der Summe an Erfahrungen, um ein innovativer Leader zu werden. Wer sich für das Thema interessiert, findet viele Optionen, sein Wissen über neue Methoden der Führung zu erweitern. Seminare, Coachings, Bücher oder Artikel in der Fachpresse geben einen guten Einblick. Führungspersonal in Unternehmen, die einer Disruption am Markt ausgesetzt sind, müssen sich mit New Leadership noch intensiver beschäftigen. Eine Organisation zu verändern, braucht Zeit. Gerade Betriebe mit gewachsenen traditionellen Strukturen lassen sich nicht sofort transformieren. Hier ist es besser, schrittweise den Weg in neue Arbeitswelten zu gehen.

Zunächst ist es wichtig, die Mitarbeiter mit Informationen zu versorgen und sie in Entscheidungen einzubeziehen. Sie sind das Puzzlestück in einem komplexen Prozess, weil sie Transformation in der Praxis umsetzen und diese mit Leben füllen. Offen zu kommunizieren, führt zu Akzeptanz und hilft, dass sich alle bewusst werden, ein relevanter Teil der

Firma zu sein. Ein Kriterium für den Erfolg des Wandels ist es, gegenseitiges Vertrauen aufzubauen, denn auch Führungskräfte sind auf die Unterstützung des Personals angewiesen.

Neues Führungsverhalten ist gefordert, wenn es um agile und dynamische Umfelder geht. Transformationale Führung beinhaltet die Fähigkeit von Führungskräften, ihre Vorbildfunktion überzeugend wahrzunehmen und dadurch Vertrauen, Respekt und Loyalität zu erwerben. Führungskräfte sollten inspirieren, intellektuell anregen und situativ individuell agieren. Die Mitarbeiter werden wertgeschätzt und in ihrer Entwicklung gefördert. Ein zentrales Führungsinstrument ist in diesem Kontext das Führen mit OKR – Objectives und Key Results.

Führung soll immer das Verhalten der Mitarbeiter beeinflussen. Faktoren wie Engagement, Loyalität und Selbstdisziplin sind dabei zentral. Voraussetzung sind eine offene, klare und wertschätzende Kommunikation sowie eine stabile Vertrauensbasis. Dazu gehören auch die Entwicklung individueller Stärken, ein Gefühl des Zusammenhalts im Team und eine kreative und selbstbewusste Annäherung an zu lösende Probleme. Diese Form der Führung will Mitarbeiter sozusagen zu unternehmerischem Handeln inspirieren. Gerade die digitale Welt und ihre Anforderungen fordern und fördern derartige Zugänge. Aufgabe einer Führungskraft ist es, dafür zu sorgen, dass es offene Diskurse gibt. Es ist fundamental, diese so zu moderieren, dass die unterschiedlichen Sichtweisen der Beteiligten auch transparent aufeinandertreffen können. Die Führungskraft braucht für all das nicht nur herausragende Fähigkeiten als Coach, sondern auch ein Höchstmaß an Vertrauen in die Mitarbeiter ebenso wie in sich selbst. Führungskräfte gehen mit einer Vision voran und aktivieren die Mitarbeiter durch Inspiration, durch Sinngebung und – ganz wichtig – durch ihre Vorbildwirkung. Das Vorleben der Werte ist von großer Bedeutung. Werte sind ein maßgebender Ankerpunkt, doch ein Wertewandel kann nicht vorgeschrieben werden. Durch das Vorbild werden Werte beobachtbar und damit replizierbar.

Die wichtigsten Effekte: mehr Innovation, mehr Kreativität, stärkeres Vertrauen, klarere Rollenverteilung, höhere Selbstwirksamkeit und Gruppenkohäsion, weniger Stress, mehr Commitment. Adaptive und vertrauensbasierte Führung hebt die Jobperformance der Mitarbeiter ebenso wie ihre Zufriedenheit. Nicht zu vergessen die objektiven Kriterien wie wirtschaftliche Kennzahlen. Die transformationale Führung will – wie der Name schon sagt – in erster Linie transformieren. Sie ist deshalb vor allem wirksam, wenn Veränderungen erreicht werden sollen. Zwar „menschelt" es bei diesem Konzept an allen Ecken und Enden, doch letztlich soll das stärkere Engagement zu einer höheren Innovationsleistung anregen und die Produktivität verbessern. Führungskräfte sollten sich bei transformationaler Führung hauptsächlich um Führungsaufgaben kümmern können. Je umfangreicher die Führungskraft in das operative Geschäft eingebunden ist, desto schwieriger ist die transformationale Führung. In gewisser Hinsicht ist die transformationale Führung ein „wertebasiertes Führen". Transformationale Führung ist allerdings problematisch, wenn der direkte Kontakt zu den Mitarbeitern nur schwer einzuhalten ist.

Transformationale Führung funktioniert nur, wenn neben der Führungskraft auch die Belegschaft dazu bereit ist. Personalentwicklung ist deshalb ein wesentlicher Faktor. Die Übertragung von Entscheidungskompetenzen setzt entsprechende Kenntnisse voraus. Die Entwicklung individueller Stärken, eines Gefühls des Zusammenhalts im Team und eine kreative und selbstbewusste Annäherung an zu lösende Probleme sind im Kontext bedeutend. Die Beteiligten sollten über ein gesundes Selbstvertrauen verfügen und alle nötigen Kompetenzen entwickeln. Um Selbstvertrauen aufzubauen, bedarf es eines Gefühls der eigenen Wichtigkeit. Das geht nur über gute Beziehungen, die wahrgenommene Sinnhaftigkeit der eigenen Aufgabe und die Orientierung an den passenden Werthaltungen. Veränderung beginnt immer in den Köpfen der Menschen. Ebendeshalb sind Coachingansätze so bedeutend, ebenso wie die Individualität der Mitarbeiter. Letztere mag zunächst eine Hürde darstellen, wenn versucht wird, Informationen so aufzubereiten, dass sie alle erreichen. Langfristig wird sie zu einem wertigen Asset werden.

Anforderungen an die Führungskräfte

Für die Führungspersonen entpuppt sich transformationale Führung vor allem zu Beginn als sehr aufwendig. Das Führungsverhalten verlangt einiges an Selbstbewusstsein und Selbstsicherheit. Für die meisten Führungskräfte heißt das, dass sie sich zuerst entwickeln sollten. Nur wenigen gelingen zugkräftige Zugänge, wenn sie zuvor nicht die nötigen Fähigkeiten erworben haben. Welche sind das? Den Mitarbeitern vertrauen und ihnen eigene Entscheidungen ermöglichen. Dieses Vertrauen geht mit durchaus fordernden Zielsetzungen einher. Die Mitarbeiter sollen ja auch einiges schaffen. Wo es geht, Flexibilität ermöglichen. Feedback ist immer möglichst rasch zu geben. Dabei stets auf das große Ganze achten, also auf die Ziele des Gesamtunternehmens. Die eigene Vorbildwirkung ist immens wichtig. Inspiration bedeutet, die Mitarbeiter zur Kreativität zu befähigen, über den Tellerrand zu blicken und ihre Kenntnisse innovativ einzusetzen. Das ist nicht möglich, wenn sie lediglich Handlungsanweisungen folgen. Führungskräfte sollen auf jeden einzelnen Mitarbeiter eingehen. Das gelingt besser in kleineren Teams. Transformationale Führung soll Einstellungen ändern und wird deshalb immer auch auf Widerstände stoßen. Die Führungskräfte brauchen nicht nur eine Vision, sondern auch ausreichend Ressourcen, um auf diese Widerstände individuell eingehen zu können. Je ähnlicher die Werthaltungen, desto einfacher wird es. Dennoch brauchen solche Angleichungen Zeit. Passende Organisationsstrukturen machen gute Hilfsmittel aus, ebenso wie bestimmte, agile Management-Tools, die mit vergleichbaren Voraussetzungen arbeiten (zum Beispiel Kanban oder Objectives and Key Results) und ein strukturelles Rückgrat bilden können.

Die transaktionale Führung funktioniert nach dem Prinzip „Leistung gegen Belohnung“ für erwünschtes und „Bestrafung“ für unerwünschtes Verhalten. Dieses Prinzip funktioniert allerdings in der Praxis immer weniger – und bei der Generation XYZ fast gar nicht mehr, denn „Wertschätzung ist keine Einheit namens Euro“. Positive Beispiele sind Unternehmen wie Apple, Google, Netflix oder Amazon, die zu den beliebtesten Arbeitgebern gehören und als „Magneten“ für High Potentials gelten (most admired companies). Menschen wollen nicht einfach nur für ihren Lebensunterhalt arbeiten. Sie erwarten ein sinnvolles Ziel, das ihre Existenz in ein zweckgerichtetes und erfreuliches Abenteuer verwandelt.

In einem atemberaubenden und spannenden Revierderby stehen sich Borussia Dortmund und der FC Schalke 04 gegenüber. Nach einer 4:0-Halbzeitführung der Borussen konnte der Schalker Armine Harit in der 65. Minute den Anschlusstreffer zum 4:2 markieren. Alle Angriffsbemühungen der Dortmunder scheitern in dieser Phase an der gut organisierten und stabilen Defensive der Schalker. Da zeigt Schiedsrichter Deniz Aytekin in der 69. Minute eine Einwechslung für das heimische Team an. Gehen muss Yarmolenko, es kommt Coach Peter Bosz, der sich offensichtlich selbst eingewechselt hat. Er nimmt eine zentrale Mittelfeldposition ein und fordert energisch den Ball. Seine sichtlich irritierten Mitspieler versuchen zu passen, verlieren aber den Ball. In der 86. Minute kommt es zu einem weiteren Konter der Schalker über rechts. Scharfe Flanke von Stambouli in den Strafraum, Linksschuss von Caligiuri und Tor. Es steht nur noch 4:3.

Peter Bosz beschimpft seine Mannschaft und verlangt den Ball. Er spurtet Richtung des von Fährmann gehüteten Schalker Tors, spielt kurz ab und fordert den Ball lautstark zurück. Kurz vor der erneuten Ballannahme läuft er in eine Abseitsfalle. Schalke eröffnet einen schnellen Gegenangriff. Die Dortmunder scheinen total orientierungslos zu sein und schauen erwartungsvoll zu ihrem Trainer. Dieser ist aber wegen der Abseitsentscheidung noch in ein gestenreiches Wortgefecht mit dem vierten Offiziellen verwickelt. Es läuft bereits die Nachspielzeit. Die Schalker nutzen die Situation und Naldo erzielt nach Vorbereitung durch Konopljanka das 4:4.

Sogar jeder Fußballlaie weiß, dass das hier beschriebene Spiel in dieser Form so nicht stattgefunden haben kann. Der Trainer sollte in seiner „Coachingzone" verbleiben und sich darauf konzentrieren, die Spieler vor dem Spiel und währenddessen entsprechend zu coachen. Was viele Manager von Fußballtrainern hier unterscheidet, ist genau dieses Führungsverständnis. Sie verstehen sich nicht als „Leader oder Coach", sondern als wichtigster Spieler auf dem Platz. Sie möchten am liebsten alle Tore selbst schießen und betrachten ihre Mitarbeiter als Passgeber. Was im Fußball nicht funktioniert, funktioniert auch im Business nicht. Die Ergebnisse werden von den Mitarbeitern erarbeitet, nicht vom Chef. Auch beim Fußball waren die guten Trainer nicht unbedingt die elegantesten Spieler, wie Sie an den Beispielen von Jürgen Klopp, Domenico Tedesco und Julian Nagelsmann erkennen können.

Feedback für Gewinner

Jeder von uns wird wohl früher oder später mal mit Anschuldigungen oder negativer Kritik konfrontiert werden. Im Prinzip ist das ein Kompliment, denn ein altes Sprichwort besagt: „Einen toten Hund tritt man nicht!" Wenn Sie versucht sind, sich über Feedback zu ärgern, sollten Sie bedenken: Auch negative Kritik ist ein verkapptes Kompliment. Das heißt, solange Sie Feedback erhalten, werden Sie wertgeschätzt.

Ein Trainer ist kein Idiot

Sind Fußballtrainer schuld an allem Übel? Die legendäre Rede des damaligen Trainers des FC Bayern München, Giovanni Trapattoni, nach der 0:1-Niederlage gegen den FC Schalke bringt die Sache auf den Punkt. Trapattoni kritisierte das Engagement seiner Spieler, allen voran Scholl, Basler und Strunz. Jede Menge italienisches Temperament und klare Kante. Die Öffentlichkeit hat sich über Trapattonis schlechtes Deutsch amüsiert. Dabei ist das, was er gesagt hat, diskussionswürdig. Nicht „schwach wie Flasche leer" – sondern „ein Trainer ist kein Idiot".

Haben Sie sich schon einmal gefragt, warum Fußballtrainer das eigene Team so häufig und gern kleinreden? Wäre es nicht viel sinnvoller, mit breiter Brust und voller Überzeugung die eigenen Stärken auszubauen? Ist das nicht sogar der Kern von „positiver Psychologie"?

Auch Jürgen Klopp kommt in die Kabine, zieht die Mundwinkel leicht nach unten, kneift die Augen zusammen und macht ein schmerzverzerrtes Gesicht: „Das wird eine verdammt schwierige Saison, Jungs. Im letzten Jahr haben wir es sehr ordentlich gemacht, und ich bin wirklich stolz auf euch. Aber dieses Jahr wird anders. Die Saison wird unglaublich hart. Deshalb müssen wir mehr investieren, mehr kämpfen, mehr kreieren. Das erwarten wir von uns selbst, und dann sehen wir, wohin es führt." Sagt das der Coach eines Abstiegskandidaten? Handelt es sich um einen insolventen Club? Einen Verein in der Krise? Nein, es geht um den FC Liverpool, heißer Favorit auf den Titel, Tabellenführer der Premier League und auch bei den Transferausgaben einsame Spitze.

Worin besteht der Vorteil, wenn Sie in Business oder Sport tiefstapeln. Auf der einen Seite erfahren Teammitglieder durch die Annahme der Identität des Underdogs eine höhere psychologische Sicherheit. Sie agieren mutiger, unternehmerischer und proaktiver aus drei Gründen. Erstens wird die Sichtweise weg von der Angst möglichen Scheiterns hin zu den Erfolgsaussichten verlagert, zweitens führt die wahrgenommene Benachteiligung als Underdog zu einer trotzigeren Identität und drittens werden mutige Verhaltensweisen, die zur Verbesserung der Situation und zur Entwicklung des Teams führen, enthusiastischer gefeiert.

Auf der anderen Seite profitieren die Teammitglieder durch die Identifikation mit einer Gruppe mit einem vermeintlich niedrigen Status von einer Quelle der Zufriedenheit und Stärke. Schutz vor anderen dominanten Gruppen und die Wahrnehmung von sozialer Unterstützung fördern ein positives Gefühl des Wohlbefindens. Warum schafft das ein Underdog-Narrativ? Weil erstens der Fokus auf den zukünftig besseren Status gelenkt und zweitens Hoffnung auf Erfolg und damit auf die Kontrolle über die eigenen Fähigkeiten und die Situation vermittelt wird.

Lenken Sie den Blick vom Fußball zum Business, zeigen sich ähnliche und sehr bekannte Beispiele von furchtlosen Underdogs. Steve Jobs begann mit Apple als Studienabbrecher in einer Garage und formte das Unternehmen zu einem Weltkonzern. Motiv war während des Aufstiegs mehrfach die Rolle eines Underdogs.

From zero to hero: Storytelling und Feedback

Die Situationen, denen die Teammitglieder gemeinsam ausgesetzt sind und die ihnen den Weg zum Erfolg erschweren – beispielsweise begrenzte Ressourcen, übermächtige Gegner oder unerwartete Schwierigkeiten –, sind zu thematisieren. Das inspiriert, sich zusammenzuschließen und Kampfgeist zu entwickeln. Grundlage ist der Glaube, dass mit den gemeinsamen Anstrengungen der Gipfel erklommen werden kann.

Es kann manchmal wehtun, peinlich sein, Abwehr auslösen oder neue Schwierigkeiten heraufbeschwören. Auch sollte der offene Umgang mit

Emotionen, um die es beim Feedback zumeist geht, schon wohlüberlegt sein. Ganz wichtig: Selbst perfekt formulierte Kritik sollte niemals öffentlich erfolgen. Damit Feedback konstruktiv und wirksam ist, sollten Sie einen Dialog darüber beginnen, wie Veränderungen erreicht werden können. Diese Art von Dialog ist aber nicht möglich, wenn Sie Ihr Feedback öffentlich geben. Statt einen Dialog zu beginnen, fühlt sich die betroffene Person möglicherweise zu Unrecht kritisiert oder persönlich angegriffen, wodurch sich ein gut gemeintes Feedback schnell in destruktive Kritik verwandeln kann. Um eine möglichst produktive Entwicklung in Gang zu setzen, nehmen Sie sich die Zeit für ein Vieraugengespräch, damit Ihre Kritik konstruktiv ausfällt.

Feedback ist kein einfaches Thema

Kaum eine Person akzeptiert es leichten Herzens, in ihrem Selbstbild korrigiert zu werden. Eine Rückmeldung sollte daher niemals bewertend sein. Geben Sie Ihrem Gegenüber ausnahmslos eine konkrete Beschreibung seines speziellen Verhaltens und Ihre Einschätzungen dazu. Vermeiden Sie jede kritische Infragestellung seiner Person und jegliche Interpretation. Es sei denn, Sie werden ausdrücklich dazu aufgefordert, gemeinsam nach den tieferen Ursachen eines Verhaltens zu suchen.

Richtig eingesetzt, ist Feedback sehr wertvoll. Es ist sogar unerlässlich für eine persönliche Weiterentwicklung. Wer Feedback gibt, kann dem anderen mitteilen, wie dessen Verhalten wirkt oder wie es ankommt sowie welche Verbesserungspotenziale erkennbar sind. Feedback ist dann am wirksamsten, wenn der Empfänger darum gebeten hat. Wenn Sie jemanden mit Feedback überfallen, brauchen Sie auf keine vertrauensvolle Gesprächsbeziehung zu hoffen. Berücksichtigen Sie die Bedürfnisse des Empfängers angemessen. Wenn es Ihnen egal ist, ob es dem Empfänger nützt oder ihm sogar schadet, zerstören Sie vor allem Ihre Vertrauensstellung.

Feedback ist in erster Linie ein Informationsaustausch – eine Rückmeldeschleife, die darüber informiert, wo jemand gerade steht und in welche Richtung er sich entwickeln sollte. Folgende Schritte sind sinnvoll:

Überblick verschaffen

Von außen sieht vieles einfacher aus. Bevor Sie anderen Feedback geben, gilt es, die Situation fundiert zu beurteilen: Sind Ihnen alle Variablen bekannt? Oder anders formuliert: Geben Sie nur dann Feedback, wenn es Ihnen aus eigener Anschauung möglich ist.

Bereitschaft prüfen

Die Bereitschaft, Feedback anzunehmen, sollte grundsätzlich vorhanden sein, ansonsten hat es den Charakter einer Anweisung. Feedback ist ein Angebot, das der- oder diejenige, dem oder der es gilt, ebenso gut ausschlagen kann. Betrachten Sie auch weitere Rahmenbedingungen, z. B. den Grad der momentanen Erregung oder Betroffenheit. In solchen Situationen wird die Bereitschaft, Feedback anzunehmen, gering sein.

Zeitpunkt berücksichtigen

Feedback ist umso wirksamer, je kürzer die Zeitspanne zwischen dem betreffenden Verhalten und der Information über die Wirkung des Verhaltens ist. Feedback sollte also möglichst zeitnah erfolgen, da sonst der Bezug zur Situation verblasst.

Rahmen schaffen

Geben Sie Ihrem konstruktiven Feedback den privaten Rahmen eines Vieraugengesprächs, vor allem wenn das Feedback kritisch ausfällt. Auch negatives Feedback ist konstruktiv zu formulieren, damit die positive Absicht dahinter erkennbar bleibt und mit der Kritik eine gemeinsame Lösung verbunden wird.

Ich-Botschaften formulieren

Konstruktive Kritik ist immer konkret. Verallgemeinerungen und pauschale Aussagen helfen niemandem. Beispiele für konstruktive und individuelle Formulierungen sind: „Ich habe beobachtet, dass …“, „Ich schlage Ihnen vor, dass …“ oder „Ich freue mich, wenn Sie künftig …“. Ich-Botschaften lassen sich nicht wegdiskutieren. Es sind Ihre Eindrücke. Wenn Sie diese auf die vorgeschlagene Weise schildern, fühlt sich Ihr Gegenüber weniger angegriffen und nimmt das Feedback bereitwilliger an. Sprechen Sie daher immer von Ihren persönlichen Beobachtungen und sagen Sie, was Sie tun würden – nicht, was „man“ macht.

Perspektiven aufzeigen

Professionelles Feedback baut niemals Druck auf. Beim Feedback geht es darum, die Situation sachlich neutral zu beschreiben und dem Feedbacknehmer neue und andere Lösungen und Perspektiven aufzuzeigen.

Dialog auf Augenhöhe

Als Feedbackgeber sollten Sie Ihre Empfehlungen nie absolut formulieren, als handelte es sich um die Wahrheit. Vielmehr sollten Sie Offenheit signalisieren. Erst auf diese Weise entsteht ein Dialog auf Augenhöhe.

Rückmeldungen annehmen

Fragen Sie immer nach, was Ihr Gegenüber verstanden hat. Nur so können Sie sich auch versichern, dass das Feedback wie beabsichtigt angekommen ist. Rückmeldungen verhindern Missverständnisse.

Das SARA-Modell

Feedback ist ein Element des kontinuierlichen Verbesserungsprozesses. Professionelles Feedback schafft eine angenehme Atmosphäre, stärkt das gegenseitige Verständnis und hilft, Vertrauen aufzubauen. Voraussetzung ist allerdings, dass das Feedback nicht spontan oder impulsiv gegeben, sondern vorbereitet und in einem entsprechenden Rahmen auch professionell durchgeführt wird.

Immer dort, wo es um Kritik und Feedback geht, reichen die Reaktionen von Akzeptanz und Annahme bis hin zu Ablehnung und Ärger. Deshalb ist es hilfreich, sich damit zu beschäftigen, wie Feedback aufgenommen wird. Dazu dient das sogenannte SARA-Modell, das die Reaktionsphasen und damit einhergehende Emotionslevel beschreibt. SARA steht für Shock, Anger, Resistance und Acceptance.

Shock (Schock): Wer ein negatives Feedback erhält, reagiert in der Regel geschockt: „Kann gar nicht sein!", „Bestimmt ist das ein Fehler!" Grund ist der Bruch zwischen Selbst- und Fremdwahrnehmung. Das muss der Betroffene erst einmal verarbeiten.

Anger (Wut): Danach reagieren die meisten mit Vorwärtsverteidigung: Statt sich selbst ehrlich zu hinterfragen und zu reflektieren – was unangenehmer ist –, wird die Verantwortung delegiert: auf miese Umstände, fiese Kollegen, Neider, blödsinnige Befragungen.

Resistance (Widerstand): Weil die Botschaft mit (schmerzhaften) Veränderungen oder Einbußen einhergeht, wächst der Widerstand: „Das kann keiner von mir verlangen!" Nicht wenige sträuben sich mit allen rhetorischen Mitteln, finden immer neue Gründe und Argumente dagegen. Für Führungskräfte die schwerste Phase.

Acceptance (Akzeptanz): Schließlich folgt – hoffentlich – die letzte Phase: Der Betroffene akzeptiert das Feedback und seinen Anteil an der Lage. Jetzt ist der Weg frei für Veränderungen. Aber erst jetzt!

Alle genannten Reaktion können zeitversetzt und Tage nach dem Gespräch auftreten. Im Gespräch selbst bleiben viele Feedbacknehmer noch äußerlich ruhig. Womöglich wollen sie sich keine Blöße geben und das Ergebnis zunächst verdauen. Umso wichtiger ist es, dass Sie Ihre Spieler oder Mitarbeiter im Anschluss an ein Feedbackgespräch beobachten und gegebenenfalls ein zweites Gespräch führen.

Machen Sie einen Feedbackspaziergang

Ein empfehlenswertes Tool für Sport und Business ist der Feedbackspaziergang. Dadurch, dass beide Gesprächspartner in dieselbe Richtung gehen, statt sich gegenüberzusitzen, ist es wesentlich leichter eine kommunikative Beziehung aufzubauen. Wer sich frontal gegenübersitzt, neigt eher zur Konfrontation. Außerdem können beide den Blick schweifen lassen, die Natur genießen. Gesprächs- und Denkpausen sind während eines solchen Spaziergangs völlig normal. Spaziergänge pusten zudem den Kopf frei.

Tipp: Wählen Sie einen Rundweg von etwa 45 Minuten. Während der ersten 15 Minuten spricht zunächst die eine Person und erzählt, wie es ihr geht, die andere hört einfach zu; während der nächsten 15 Minuten wird gewechselt. Danach können beide erst einmal entspannen. In den letzten 15 Minuten werden gemeinsame Lösungsansätze erarbeitet.

Das Team ist der Star

Es ist der 29. Dezember 1972 kurz vor Mitternacht. Eastern-Air-Lines-Flug 401 – Lockheed L-1011 TriStar mit dem Luftfahrzeugkennzeichen N310EA – befindet sich im Landeanflug auf Miami. Als die Cockpitcrew das Fahrwerk ausfährt, tritt ein Problem auf. Die Kontrollleuchte, die die ordnungsgemäße Verriegelung des Bugfahrwerks bestätigen soll, funktioniert nicht. Der Flugingenieur führt eine Kontrolle aller Warnlämpchen durch, und erneut leuchtet die Bugfahrwerkskontrollleuchte nicht auf. Die Besatzung kann also nicht feststellen, ob das Bugfahrwerk korrekt ausgefahren ist.

Die Besatzung bittet darum, den Anflug abbrechen zu dürfen und sich in eine Warteschleife zu begeben, um sich dem Problem zu widmen. Daraufhin erhält sie die Anweisung vom Kontrollturm, dass sie zunächst wieder auf 2000 Fuß steigen, diese Höhe halten und eine Warteschleife fliegen sollen, die die Maschine hinaus über die Everglades führt. Um sich auf das Problem konzentrieren zu können, schaltet die Crew den Autopiloten ein. Der Flugingenieur begibt sich in den Wartungsraum und vom Tower kommt die Anweisung, auf einer Höhe von 2000 Fuß zu bleiben, bis das Problem gelöst sei.

Wenige Minuten später bemerkt der Fluglotse, dass das Flugzeug seine ursprüngliche Flughöhe verlassen hat und auf 900 Fuß gesunken ist. Er setzt sich mit der Crew in Verbindung, spricht den Höhenverlust aber nicht direkt an. Die Crew versichert ihm, an Bord sei alles in Ordnung. Kurz darauf bemerkt sie jedoch, dass die Maschine in Richtung Boden steuert. Der Versuch, durch vollen Schub wieder an Höhe zu gewinnen, kommt zu spät und die Maschine stürzt mit einer Geschwindigkeit von ca. 197 Knoten (365 Stundenkilometer) in die Sumpflandschaft der Everglades. Die Absturzstelle (25° 51′ 53″ N, 80° 35′ 43″ W) liegt etwa 30 Kilometer von der Landebahn in Miami entfernt. Ein nach dem Absturz aufgetretener Brand wird durch das eintretende Sumpfwasser zwar schnell gelöscht, dennoch erleiden viele Flugreisende schwere Verbrennungen. Zwei derjenigen, die den Absturz überlebt haben, ertrinken in dem etwa 15 bis 30 Zentimeter tiefen Wasser. Die Situation ist zudem bedrohlich, da in der Umgebung Alligatoren leben und viele Überlebende zu schwer verletzt sind, um sich selbst retten zu können.

Human Factor – Human Error

Während der Unfall von Spezialisten untersucht wird, kristallisiert sich immer mehr heraus, dass die Ursachen weniger in den korrekten technischen und fliegerischen Fähigkeiten zu finden sind als in mangelndem Teamwork. Im Faktor Mensch. Sicherheitsrelevante Vorfälle – nicht nur in der Luftfahrt – basieren größtenteils auf Kombinationen oder Verknüpfungen von menschlichen Arbeitsfehlern, dem sozialen Klima innerhalb des Teams und operationellen Herausforderungen. Fehlentscheidungen können gravierende Auswirkungen haben. Um menschliche Fehler zu minimieren, wurde zunächst in der Luftfahrt rund um den Faktor Mensch das Crew Resource Management entwickelt. Durchaus eine Revolution, auch in der Ausbildung von Teamwork. Und später dann Vorreiter für viele Branchen! Ein mentales Trainingskonzept, um menschliche Fehlerquellen zu reduzieren und das Rollengefüge zu reflektieren.

Teamwork und Situational Awareness

Beim Crew Resource Management – CRM, früher Cockpit Resource Management – geht es ausdrücklich um nicht-technische Skills. Es geht um Teamwork und Situational Awareness, um Entscheidungsfindung und Arbeitseffizienz, um Stressvermeidung und Sicherheit, um den Ausschluss von Missverständnissen, um Kommunikation und Koordination – auch zwischen Cockpit und Kabine. CRM-Übungen haben sich derart etabliert, dass sie als Aus- und Fortbildungsmaßnahmen in allen High-Reliability-Bereichen und Hochrisiko-Organisationen eingeführt wurden, unter anderem im Medizinwesen oder in der Seefahrt. Die Luftfahrt fungierte quasi als Avantgarde, um Einstellungswandel zu trainieren und um Ereignisketten zu optimieren. Denn nahezu alle Elemente des CRM-Arbeitsmodells können für andere Organisationen und Unternehmen Gültigkeit haben. Für die Wichtigkeit des Crew Resource Managements spricht, wie es sich in weiteren Versionen auf komplexe Anwendungsgebiete in HRO-Organisationen erstreckt hat: in den Bereich Medizin als „Anesthesia Crisis Resource Management" , in den Bereich der Seefahrt als „Bridge Resource Management", in die Berufsfeuerwehr als „Team Resource Management" und in die Offshore Öl-Industrie. Auch wenn es zuerst um Teamwork geht, reicht CRM sogar in die Ausbildung von Ein-Mann-Besatzungen, das „Single-Pilot Crew Resource Management". CRM wird ständig und branchenübergreifend weiterentwickelt. Laut Erkenntnissen der CRM-Forschung ist zunehmend mehr Augenmerk auf die Resilienz zu legen. Zu den Zielen des Crew Resource Managements zählt jetzt auch stärker die Einbeziehung menschlicher Resilienz. Unsere Fähigkeit, schwierige Situationen ohne Beeinträchtigungen zu überstehen und Krisen zu meistern. Auch ein Human Factor. Und in der Entwicklung des Crew Resource Managements ein weiterer Fortschritt.

Erfolgreiche Teams entstehen nicht von selbst. Ein „echtes" Team ist ein hochkomplexes soziales Gebilde, das sich schrittweise entwickelt, in dem die Teammitglieder Vertrauen aufbauen und ein Beziehungsmuster entwickeln. Ein Spitzenteam zu formen und zu führen, gehört zu den anspruchsvollsten Aufgaben überhaupt. Der Begriff „Team" kommt aus dem Englischen und bezeichnete ursprünglich ein Pferdegespann. In Analogie zu diesem Bild ergibt sich damit die wichtige Voraussetzung für erfolgreiche Teamarbeit von selbst: Um an einem Strang zu ziehen, braucht ein Team eine „Richtungsvorgabe" mit einer motivierenden Zielsetzung. Die Ziele sind dabei immer SMART: spezifisch, messbar, attraktiv, realisierbar und terminiert. Wichtig ist, dass ein Team ausreichend Zeit zur Verfügung hat, um das Teamziel zu erreichen. Dazu gehört auch, sich Zeit zu nehmen für den Austausch über Themen wie etwa Beziehungsklärungen, das Erarbeiten einer gemeinsamen Spielidee, das Klären eines Zielverständnisses und das Treffen von Entscheidungen, die von allen akzeptiert werden.

Ein Team braucht unterschiedliche Persönlichkeiten

Was die „qualitative" Zusammenstellung eines Teams betrifft, hat es sich als vorteilhaft erwiesen, wenn es sich aus Mitgliedern mit unterschiedlichen Persönlichkeiten zusammensetzt. Eine weitere Voraussetzung ist es, dass jedes Teammitglied seinen eigenen Beitrag leistet, indem es seine individuelle Persönlichkeit einbringt und ergänzend die Persönlichkeit der Teamkollegen zu schätzen weiß. Natürlich ist es in diesem Zusammenhang hilfreich zu wissen, welche Motivatoren die einzelnen Teammitglieder prägen. Obwohl Motive das Leben aller Menschen beeinflussen, unterscheiden sich Individuen beträchtlich darin, wie intensiv sie ihre Motive erleben und gestalten.

Teams benötigen eine anerkannte Führung

Neben dem gemeinsamen Teamziel haben Teammitglieder immer auch persönliche Ziele. Diese transparent zu machen heißt, sich gegenseitig besser kennenzulernen und Gemeinsamkeiten sowie Unterschiede zu finden. Die Frage an jeden, welchen Beitrag zum Ganzen zu leisten er sich selbst vorstellen kann, führt oft zu erstaunlichen und nützlichen Erkenntnissen. Die volle Leistungsfähigkeit eines Teams ist nur mit einer klaren und akzeptierten Führung zu erreichen. Die Führungskraft steht letztendlich in der Verantwortung, was den Erfolg betrifft. Diese Führungskompetenz gilt es, sich zu „erarbeiten“. In Teams, in denen immer wieder ein Machtausgleich stattfindet, muss die Führungskraft mehrere Rollen übernehmen. In dem Fall ist sie Initiator, Impulsgeber, Vermittler und Moderator in einem.

Ein Team ist kein starres System, das, einmal zusammengesetzt, auf Dauer gleichbleibend funktioniert. Es ist vielmehr ein komplexes soziales System, das sich ständig verändert und weiterentwickelt. Die Mitglieder des Teams erleben Höhen und Tiefen, die Qualität der Leistung verändert sich. Die Entwicklung eines Teams bis hin zu seiner vollen Leistungsfähigkeit ist ein lang andauernder Prozess. Dieser wird beeinflusst durch wechselnde Einstellungen und Verhaltensweisen der Teammitglieder, sich verändernde Beziehungen, Rollen der einzelnen Mitglieder, unterschiedliche Funktionen und Einflüsse von außen. Die Führungskraft sollte sich immer als Teamentwickler der Mannschaft verstehen. Wer frühzeitig erkennt, in welcher Phase sich sein Team befindet, weiß, womit er rechnen darf. Die Orientierungsphase ist geprägt durch eine Ambivalenz von Vorfreude, Unsicherheit, Hoffnungen und Befürchtungen. In der Regel herrscht noch wenig Vertrauen. Das Team sucht nach Gemeinsamkeiten und Verbindendem. In der Differenzierungsphase folgen naturgemäß die persönlichen Standortbestimmungen und Rollendefinitionen. Dabei kommt es durchaus zu Macht- und Statuskämpfen. Teamgeist und Wir-Gefühl bilden sich in der Organisationsphase heraus. Die Motivation steigt sowie die persönliche Identifikation mit den Aufgaben.

In der Routinephase kennen die Teammitglieder sowohl ihren Platz als auch ihre Aufgabe und arbeiten weitgehend reibungslos zusammen. Jeder ist daran interessiert, die angestrebten Ziele zu erreichen.

Agiles Management mit Objectives und Key Results

Mitarbeiter treffen sich regelmäßig, um ihre Ziele abzustimmen. Sie reden darüber nicht nur mit ihren Führungskräften, sondern auch mit Kollegen. Sie besprechen, was sie geleistet haben und was sie im nächsten Quartal erreichen wollen. Alle erfassen ihre Ziele in einem Softwaretool. Jeder kann sehen, wer sein Ziel erreicht hat und wer nicht. So geht es in Unternehmen zu, die mit einer agilen Managementmethode arbeiten. Die Anpassung an sich verändernde Rahmenbedingungen erfordert einen Ansatz, der sowohl der Kreativität als auch den Veränderungen dynamischer Märkte genügend Raum lässt, zugleich aber einen disziplinierten Fokus auf die Umsetzung der nächsten Schritte garantiert. Objectives und Key Results (OKR) werden diesem Anspruch gerecht. Die Botschaft lautet: Wir machen Fortschritte bei der Erreichung der Objectives, indem wir uns auf die Key Results fokussieren. Objectives repräsentieren die Vision. Sie sind ehrgeizig, ambitioniert und anspruchsvoll. Sie schaffen Transparenz und verbreiten die Idee, dass alle auf das gleiche Ziel hinarbeiten. Sie sind qualitativ, zudem verfügen sie über die Kraft, Teams zu einen. Key Results zeigen als Wegweiser die gewünschten Ergebnisse, ob das Team in die richtige Richtung geht und wie weit sie noch gehen müssen. Sie sind quantifizierbar, messbar und ausgewogen und sie befeuern ehrgeizige Pläne. Key Results sollten bedeutend genug sein, um gefeiert zu werden, wenn sie erreicht wurden. Jeweils für drei Monate werden Objectives und Key Results definiert. Dabei kommen die Inhalte für die Ziele sowohl aus der Strategie (top-down) als auch von Teams und Mitarbeitern (bottom-up). Entscheidend für die erfolgreiche Umsetzung ist die Einbindung aller Teams und Individuen bei der Zielsetzung des Unternehmens. Nur so kann ein Commitment der Mitarbeiter gewährleistet werden. Am Ende des Quartals werden Learnings gezogen, diese gehen in die Planung für das nächste Quartal ein – ein fortlaufender Regelprozess entsteht. Sind diese Voraussetzungen gegeben, so kann der Zyklus beginnen.

Objectives

Was können wir verbessern, um erfolgreicher zu werden?

Warum ist das gerade jetzt wichtig?

Key Results

In welchen Bereichen wollen wir uns verbessern?

Was können wir kontinuierlich messen?

Initiatives

Was werden wir konkret tun, um Entwicklungen voranzutreiben?

Was wollen wir zuerst tun?

Weekly Meeting

Was haben wir erreicht und gelernt?

Was macht jedes Teammitglied als Nächstes?

In der Regel ist die Definition von Objectives von überschaubarem Aufwand. Das Festlegen der zugehörigen Key Results gestaltet sich allerdings meist anspruchsvoller. Dabei verläuft ein Zyklus normalerweise in den folgenden vier Phasen.

Planning Session mit ca. 4 bis 6 Stunden

Zu Beginn des Zyklus werden die Ziele für die nächsten drei Monate geplant. Dabei werden die Vision und die Mission der Organisation durch die MOALS (mid-term goals) eingebunden.

Weekly Sessions mit ca. 15 Minuten

Jede Woche findet ein kurzes Meeting statt, bei dem sich alle Beteiligten über die laufenden Prozesse austauschen und eventuelle Fragen und Probleme klären.

Review Session mit ca. 4 Stunden

Am Ende des dreimonatigen Zyklus werden die Ziele seitens des Unternehmens sowie seitens der Mitarbeiter überprüft.

Retrospektive Session mit ca. 2 Stunden

In der vierten und letzten Phase wird darüber reflektiert, wie der Zyklus abgelaufen ist und warum bestimmte Ziele nicht erreicht wurden. Dies dient dazu, aus den Fehlern zu lernen und die Prozesse zu optimieren.

Als agile Managementmethode ermöglicht OKR, schnell zu reagieren. Anders als bei anderen Methoden erstrecken sich die Ziele nicht auf den

Zeitraum von einem Jahr – denn das birgt die Gefahr, dass man zu lange in die falsche Richtung läuft. Stattdessen schaut man alle drei Monate, wie sich die Rahmenbedingungen geändert haben und ob etwas funktioniert oder nicht, und kalibriert dann das System neu.

Die Methode ist auf das Erreichen von Ergebnissen ausgerichtet, sodass die Diskussionen über den geplanten Input deutlich reduziert werden können. Führungskräfte werden sich vor allem auf Klarheit, Transparenz und Feedback fokussieren. Der Output steht im Zentrum der Betrachtung. Objectives und Key Results bieten hier das ideale System für eine klare Kommunikation von Zielen, Entwicklungsschritten und Ergebnissen, aber auch erforderlichen Unterstützungen und erzielten Learnings.

Managementmethoden, vor allem agile, funktionieren nur, wenn sie vorbehaltlos verwendet werden und das gesamte Führungsteam hinter der Einführung steht. Die Ziele werden transparent behandelt und halten Einzug in die täglich genutzten Systeme. Auf diese Weise gehen sie in Fleisch und Blut über. Sie liefern eine grundsätzliche Agenda für Meetings und den Bezugsrahmen für die Bewertung von Fortschritt und Erfolg. Im Gegensatz zu einer langfristigen Ausrichtung eröffnet die OKR-Methode die Möglichkeit, Herausforderungen anzugehen, bevor sie zu groß werden. Es ist ein anpassungsfähiger, transparenter, fokussierter Ansatz und damit nicht nur eine der besten Möglichkeiten für Wachstum, sondern auch ein wichtiges Toolkit zur Bindung von Mitarbeitern. Wenn jemand erkennt, dass sein Beitrag wichtig ist und er sich mit dem Unternehmen weiterentwickeln kann, wird er sich mit Sicherheit motivierter fühlen. Um fokussiertes Arbeiten zu fördern, sollte die Zahl der Objectives auf maximal fünf pro Ebene begrenzt werden. Zu jedem Objective gehört ein Set von drei bis fünf Key Results.

So wird nicht nur ein richtungsweisendes Ziel (Objective) vorgegeben, sondern auch dessen Erreichung (anhand der Key Results). Objectives und Key Results sind für jede organisatorische Ebene zu definieren: für das Unternehmen, für jedes Team und für einzelne Mitarbeiter. In der Regel ist die Definition von Objectives von überschaubarem Aufwand. Das Festlegen der zugehörigen Key Results gestaltet sich allerdings meist anspruchsvoller. Zudem befähigt allein die Definition die Mitarbeiter noch nicht, Objectives und Key Results – auf teils ganz neuen Wegen – zu erreichen. Der iterative Prozess beleuchtet dabei auch häufig neu, welche Metriken entscheidend sind, wo es bisher Unklarheiten in der Zielsetzung gab und welche Formen der Messung zweckmäßig erscheinen. Die OKR-Methode ist keine Wunderwaffe, weder für das Führen von Mitarbeitern noch von Teams. Sie ist jedoch eine bewährte Methode zur Strategieumsetzung auf der operativen Ebene. Die einzelnen Schritte bei der Einführung der OKR-Methode im Überblick:

Schritt 1: Ziele auf der Organisationsebene definieren

Diese Ziele werden auch als übergeordnete Ziele bezeichnet und dienen als Basis für eine weitere Detaillierung, wobei eine abgestufte Zielmethodik verfolgt wird, die sich auf die gesamte Organisation hin ausrichtet. Einige gängige Bereiche sind Entwicklungs-, Nachhaltigkeits-, Ertrags-, Akquise- oder Brandingziele.

Schritt 2: Teamspezifische Beiträge erarbeiten

Es ist wichtig zu erkennen, welche Rolle die jeweiligen Teams bei der Verfolgung der übergeordneten Ziele spielen. Zwischen drei und fünf Ziele sind eine realistische Anzahl, um Teams zu animieren, ohne sie zu überfordern.

Schritt 3: Ziele mit Schlüsselergebnissen verknüpfen

Gibt es einen Bedarf oder Raum für ein spezielles Projekt? Möchte jemand einen bestimmten Aspekt des Ziels in Angriff nehmen? Wie können das Team und einzelne Mitwirkende ein Ziel vorantreiben? Engagement und die Sinnhaftigkeit für das Ziel werden gefördert.

Schritt 4: Fortschritte erkennen und Erfolge anerkennen

Die Ziele sind zu einem ständigen Thema zu machen und jede Leistung ist anzuerkennen. Das Team ist für Leistungen zu loben – egal wie bedeutend sie sind. Eine bewährte Methode ist es, jeden Monat ein OKR-Check-in zu planen. Auf diese Weise lassen sich Ergebnisse und Hindernisse thematisieren. Zudem kann die Verantwortlichkeit erhöht und gemeinsam an Lösungen gearbeitet werden.

Schritt 5: Retrospektive und weitere Planung

Prozesse verlaufen nicht immer wie geplant, und es ist kein Beinbruch, Ziele und Schlüsselergebnisse während eines OKR-Zyklus neu zu bewerten. Wie immer gilt es, offen zu sein und als Team zu lernen. Jede OKR-Retrospektive sollte zum Hinterfragen und zur Neugierde einladen. Eine bewährte Methode ist es, sich als Team entweder online oder offline zu treffen, um die Ergebnisse und die Erkenntnisse zu besprechen und die Vorgehensweise für die nächste Periode zu vereinbaren.

Alle Phasen können mit einer geeigneten Softwarelösung viel einfacher gestaltet werden. Der Fortschritt in der gesamten Organisation kann dank Dashboards, Timelines und Analysen tagesaktuell aktualisiert und visualisiert werden. Sämtliche Informationen zum Unternehmen, zu den einzelnen Abteilungen und zu jedem Mitarbeiter sind für das gesamte Team jederzeit einsehbar – ebenso wie die Umsetzung.

Jeder weiß, worauf er mit seinen Zielen hinarbeitet, und alle Mitarbeiter verstehen, in welcher Form und in welchem Umfang sie zum Erfolg beitragen. Vielfach ist es dagegen üblich, „das eine zu tun, ohne das andere zu lassen". Vieles wird angefangen, aber nicht zu Ende gebracht. Die Mitarbeiter versuchen dann, die Unzulänglichkeit der Führung auszugleichen, und überfordern sich damit. Die Folge: Stress und Unzufriedenheit. Mit der OKR-Methode hingegen läuft vieles im Unternehmen besser. Sie hilft dabei, sich auf die wichtigen Dinge zu fokussieren.

Das Management wird gezwungen, sich je Quartal für fünf Ziele zu entscheiden und die Ressourcen effektiv einzusetzen. Die Kommunikation zwischen Abteilungen und Mitarbeitern wird verbessert. Erfolge lassen sich messen und jeder kann erkennen, was funktioniert und was nicht. Den Mitarbeitern werden die Ziele der eigenen Arbeit klar und sie wissen, was von ihnen erwartet wird. Dadurch werden sie entlastet und sie sind motivierter und zufriedener. Ob ein Team funktioniert, hängt letztlich von der Führungs- und Kommunikationskultur ab. Einbahnstraßen der Information sind fehl am Platze. Stattdessen sollten alle Teammitglieder in einem offenen Ideenaustausch stehen.

Das Prinzip Selbstverantwortung

Eines schönen Tages ging Till Eulenspiegel mit seinem Bündel an Habseligkeiten zu Fuß zur nächsten Stadt. Auf einmal hörte er, wie sich Hufgeräusche näherten, und eine Kutsche hielt neben ihm. Der Kutscher hatte es eilig und rief: „Sag schnell – wie weit ist es bis zur nächsten Stadt?“ Till Eulenspiegel antwortete: „Wenn Ihr langsam fahrt, dauert es wohl eine halbe Stunde. Fahrt Ihr schnell, so dauert es zwei Stunden, mein Herr.“ „Du Narr!“, schimpfte der Kutscher und trieb die Pferde zu einem raschen Galopp an, und die Kutsche entschwand Till Eulenspiegels Blick. Gemächlich folgte er der Straße, die viele Schlaglöcher hatte. Nach etwa einer Stunde sah er hinter einer Kurve eine Kutsche im Graben liegen. Die Vorderachse war gebrochen und es war just der Kutscher von vorhin, der sich nun fluchend daranmachte, sein Gefährt zu reparieren. Der Kutscher bedachte Till Eulenspiegel mit einem vorwurfsvollen Blick, woraufhin dieser erwiderte: „Ich sagte es doch: Wenn Ihr langsam fahrt, dauert es wohl eine halbe Stunde.“ Es gibt genügend Situationen, auf die die „Moral von der Geschichte“ zutrifft. „Wenn Du es eilig hast, geh langsam“ – der Ausspruch wird dem chinesischen Philosophen Konfuzius zugeschrieben, der von 551 bis 479 v. Chr., also vor mehr als 2.500 Jahren gelebt hat.

Wenn Du es eilig hast, geh langsam – und überlege Dir, wo Du überhaupt hinmöchtest. Wäre es nicht eine gute Idee, sich – bevor es hektisch wird – zu überlegen, wohin der Weg führen soll? Es ist wenig Weisheit vonnöten, um zu erkennen, dass derjenige niemals sein Ziel erreichen wird, der sich nicht in Richtung dieses Zieles bewegt, unabhängig von der Geschwindigkeit und der Hektik, die er an den Tag legt. Es ist daher auch bei größtem Druck immer eine gute Empfehlung, kurz innezuhalten und zu prüfen, ob die Richtung noch stimmt, gegebenenfalls zu korrigieren und dann mit Beharrlichkeit und Ruhe den Weg fortzusetzen.

Wo wir uns Langsamkeit leisten können, haben wir nicht nur weniger Stress, wir arbeiten auch qualitativ besser, sind kreativer, nehmen achtsamer wahr – uns, andere, die Umwelt – und leben letztendlich mehr.

Davon haben wir etwas, und davon profitieren dann auch andere, denen die Luft ausgegangen ist, die wieder zu Atem kommen wollen. Die Frage lautet: „Muss" es wirklich immer schnell gehen? Beziehungsweise: Warum muss es eigentlich schnell gehen?

Unsere Lebenszeit ist das kostbarste Gut, das wir besitzen. Kein einziger Tag lässt sich wiederholen. Wie können wir es schaffen, jeden Tag proaktiv zu gestalten, um uns die Freiräume zu schaffen, die wir brauchen, um den täglichen Herausforderungen gewachsen zu sein? Ganzheitliches Lebensmanagement bedeutet aktive Lebensgestaltung, um das hektische, komplexe Leben mit Gelassenheit in Einklang zu bringen.

Selbstverantwortung, Selbstmanagement, Selbstmotivation und Selbstverpflichtung. Im Kern geht es dabei um die hohe Kunst, sich selbst zu führen und die persönliche und berufliche Entwicklung weitestgehend unabhängig von äußeren Faktoren zu gestalten. Eine wesentliche Voraussetzung ist die Selbstwahrnehmung. Es ist die Fähigkeit, eigene Emotionen wahrzunehmen. Die Emotionen im beruflichen Kontext zu verstehen und sich seiner eigenen Absichten, Bedürfnisse und Gefühle bewusst zu sein. Gerade diese Aspekte bilden die größte Herausforderung. Sie erfordern, etablierte Denkstrukturen in Frage zu stellen.

Viele Menschen sind abgetaucht. Sie haben aufgrund jahrzehntelanger Entmündigung verlernt, Verantwortung für sich, ihre Motivation und ihre Leistung zu übernehmen. Genau betrachtet befinden sich weite Teile der in einer Art psychologischem Streik. Vielfach wird diese Situation allerdings noch mit alten Rezepten bekämpft. Die einen greifen in die Trickkiste der Motivierung. Die anderen denken über die Veränderung der Organisationsstrukturen nach. Doch Scrum, Lean Management, Kaizen und Reengineering können nur greifen, wenn sich die Einstellungen ändern. Denkansätze zur Stimulierung des Mindsets sind:

- Leben statt gelebt werden
- Eine Lebensvision entwickeln

- Lebensrollen definieren
- Entschleunigen und Zeit gewinnen
- Lebensmanagement statt Zeitmanagement
- Mindset für ein Leben in Balance

Es geht um den tieferen Sinn in der persönlichen Entwicklung mit dem Ziel der Verbesserung der Lebensqualität. Eine strukturelle Perspektive beinhaltet dabei die Vereinbarkeit von Berufs-, Privat- und Familienleben durch die Möglichkeit, lebensphasenspezifisch und individuell die Interessen aller Bereiche berücksichtigen zu können. Die individuelle Perspektive beinhaltet den Aspekt, sich mittels Selbstverantwortung dem Beruf, der Karriere, dem Leben und der Familie zu widmen.

Stress ist oftmals ein sehr individueller Aspekt. Denn:

Führungskräfte arbeiten überdurchschnittlich viel!
72 % der Führungskräfte arbeiten mehr als 50 Stunden pro Woche.
39 % der Führungskräfte arbeiten an Sonn- und Feiertagen.
88 % der Führungskräfte empfinden die Arbeitsbelastung als normal.
91 % der Führungskräfte empfinden Freude am Job.

Führungskräfte sind in der Regel intrinsisch motiviert!
89 % der Führungskräfte suchen die Herausforderungen.
53 % der Führungskräfte suchen besondere Anerkennung.
51 % der Führungskräfte suchen intellektuelle Leistungen.
19 % der Führungskräfte suchen den extremen Adrenalinkick.

Führungskräfte verlieren 21 % ihrer Arbeitszeit!

89 % der verbalen Kontakte kommen ad hoc zustande.

57 % haben keine erkennbaren Muster der Selbstorganisation.

61 % springen von Problem zu Problem.

Bei genauerer Betrachtung dieser Zahlen stellt sich die Frage nach der individuellen Lebensqualität. Work-Life-Balance setzt genau hier an und konzentriert sich auf die Verbesserung der Lebensqualität durch die Befriedigung von grundlegenden Bedürfnissen wie:

- Leistungsfähigkeit durch mentale Energie
- Beziehungsaufbau durch intensive Kommunikation
- Entwicklungsfähigkeit durch aktive Lernbereitschaft
- Wachstum durch inspirierende Zukunftsperspektiven

Das menschliche Arbeiten vollzieht sich in den folgenden drei Stufen: die große Idee, die kleinen Ideen, die kleinen Taten. Leider bleiben die meisten Menschen stets auf der ersten Stufe stehen. Sie verharren bei der großen Idee oder dem großen Vorsatz.

Noch einmal: Die große Idee, die kleinen Ideen, die kleinen Taten und keine vierte Stufe, nur machen! Im Folgenden zählen wir 30 Tipps bzw. Handlungsanleitungen aus der Praxis für die Praxis auf:

1. *Beschreiben Sie Ihren individuellen Einflusskreis!*
2. *Erarbeiten Sie Ihre persönliche Mission!*

3. Formulieren Sie Ihren persönlichen Zielkatalog!
4. Nutzen Sie das Mentaltraining zur Motivation!
5. Sagen Sie Nein, ohne sich schuldig zu fühlen!
6. Zeigen Sie Konsequenz gegen sich und andere!
7. Entwickeln Sie eine agile Arbeitsorganisation!
8. Definieren Sie für jede Aktivität ein Zeitfenster!
9. Setzen Sie sich für jede Aktivität einen Start- und einen Endtermin!
10. Führen Sie kein Gespräch ohne Termin und Thema!
11. Schaffen Sie sich für Ihre Aufgaben Arbeitspakete!
12. Berücksichtigen Sie Pufferzeiten für Ihre Planung!
13. Erledigen Sie Ihre Routinetätigkeiten tagesaktuell!
14. Reduzieren Sie agile Weeklys auf max. 60 Minuten!
15. Machen Sie alle 60 Minuten eine kurze Entspannungspause!
16. Orientieren Sie sich bei Ihrer Planung immer an der Realität!
17. Bleiben Sie bei Ihrer Planung flexibel!
18. Sorgen Sie für Klarheit bei Objectives und Key Results.
19. Erledigen Sie unangenehme Aufgaben möglichst sofort!
20. Fragen Sie sich, was rationalisiert werden kann!
21. Nutzen Sie gezielt Entspannungstechniken!
22. Berücksichtigen Sie Biorhythmus und Leistungskurve!
23. Berücksichtigen Sie Ihre individuelle Tagesstörkurve!
24. Setzen Sie die ALPEN-Methode zur Tagesplanung ein!
25. Schaffen Sie sich Freiräume zur Stärkung der Resilienz!
26. Verpflichten Sie sich und Ihr Umfeld, Termine einzuhalten!
27. Schirmen Sie sich bei wichtigen Tätigkeiten ab!
28. Gönnen Sie sich eine Belohnung für erledigte Tätigkeiten!

29. *Vermeiden Sie Aufschieberitis!*

30. *Verhindern Sie allzu spontane Aktivitäten!*

Sie leben nur einmal und wissen, dass es irgendwann zu Ende gehen wird. Die meisten Menschen tun jedoch so, als ob es nie zu Ende geht. Es ist wichtig, diese Überlegungen zu berücksichtigen und darüber nachzudenken, was dies für das eigene Leben und Arbeiten bedeutet.

Klartext Ernährung

Ernährung spielt in jeder Lebenssituation für Ihre Gesundheit und Ihr Wohlbefinden eine übergeordnete Rolle. Die richtige Lebensmittelwahl und optimale Zusammensetzung der Nährstoffe fördern Konzentration und Leistungsfähigkeit. Fußballer haben einen erhöhten Energiebedarf, der von der Dauer und der Intensität des Trainings abhängt. Die Ernährung ist an den Trainings- und Wettkampfzyklus und vor allem an die Präferenzen des Sportlers anzupassen. Je nach Ausdauer-, Schnelligkeits- und Krafttraining werden unterschied- liche Mengen an Energie, Eiweiß und Kohlenhydraten benötigt.

Anstiftung zum Andersdenken

Robert Lewandowski kehrt die Menüfolge zur Optimierung der Fettverbrennung um. Zuerst gibt es das Dessert, dann folgt der Hauptgang und zuletzt isst er Salat oder Suppe. Statt Kuhmilch bevorzugt er Reis- oder Mandelmilch. Die veränderte Menüfolge – so ungewöhnlich es auch klingt – ist in der Tat sehr sinnvoll. Das Verdauungssystem arbeitet am besten, wenn wir zuerst Kohlenhydrate und im Anschluss daran Proteine und Fette verzehren.

Timo Werner ernährt sich vegan, glutenfrei und laktosefrei. Statt kohlensäurehaltiger Getränke trinkt er ausnahmslos stilles Wasser und Tee. Alkohol ist für ihn tabu. Außerdem verzichtet er auf Brot, stattdessen gibt es jede Menge Meeresfrüchte und Nudeln. Muskuläre Verletzungen traten bei Timo seit der Ernährungsumstellung wesentlich seltener auf.

Ohne die richtige Ernährung ist alles nichts

Schlechte Ernährung gilt als Ursache für diabetische Erkrankungen, Allergien und Fettleibigkeit. Weil Mitarbeiter oft die Hauptmahlzeit bei der Arbeit zu sich nehmen, entfaltet betriebliches Gesundheitsmanagement hier eine hohe Wirkung. Essen soll auch Spaß machen! Frische, leckere, gesunde, schmackhafte Lebensmittel und Mahlzeiten machen fit und leistungsfähig. Die folgenden Ernährungstipps basieren auf klinischen Studien mit fast 40.000 Männern und knapp 70.000 Frauen unter der Leitung von Walter Willett, Präsident der Abteilung für Ernährung an der Harvard School of Public. Kern des Konzepts ist: Es gibt keinerlei Ernährungsverbote, lediglich eine Gewichtung von Lebensmittelgruppen.

Zur Basisernährung, also den Nahrungsmitteln, die in erster Linie verzehrt werden sollten, gehören Obst, Beeren, Gemüse, Salate, Avocados, Nüsse, Öle, Hülsenfrüchte, Fleisch, Geflügel, Eier, Fisch und Meeresfrüchte. Gerade diese Nahrungsmittel mit Vitaminen und Mineralstoffen,

Proteinen und ungesättigten Fettsäuren prädestinieren dazu, die Palette an mediterranen Gerichten ohne irgendwelche Einschränkungen zu genießen. Rotwein, Kaffee und Tee vertragen sich problemlos mit dieser Ernährungsmethode. Natürlich nur, wenn alles maßvoll genossen wird.

Dass eine eiweißreiche Ernährung die Nieren belastet, ist eine längst überkommene Vorstellung. Neueste Studien sprechen eine deutlich andere Sprache und widerlegen die angebliche Schädigung der Nieren durch hohe Eiweißzufuhr. Genau genommen muss man diese Frage differenziert betrachten: Eine gesunde Niere wird nach heutigem Wissen durch hohe Eiweißzufuhr nicht geschädigt. Vielmehr führt eine hohe Eiweißzufuhr dazu, dass sich die Nieren in Größe und Leistung an die Mehrarbeit anpassen. Allein Nierenkranke sollten doch vorsichtig sein.

Zur konkreten Umsetzung im Alltag nachfolgend einige Tipps:

- Setzen Sie sich realistische Ernährungsziele!
- Machen Sie Ihrem Stoffwechsel täglich Dampf!
- Wenn Sie wirklich Hunger haben, dann essen Sie!
- Essen Sie sich satt an eiweißhaltigen Produkten!
- Essen Sie immer fettbewusst!
- Schränken Sie Ihren Zuckerkonsum stark ein!
- Orientieren Sie sich am Glykämischen Index!
- Kombinieren Sie Kohlenhydrate und Eiweiß sinnvoll!
- Trinken Sie täglich 2–3 Liter Wasser!
- Essen Sie nach der Maxime „Klasse statt Masse"!

Wer körperlich und geistig die volle Leistungsfähigkeit erbringen will, sollte seinem Körper stets die richtigen Nährstoffe zur Verfügung stellen.

Die perfekte Ernährung

Eine ausgewogene Ernährung ist die Basis für Performance, Motivation, Mentalität und Gesundheit. Der Körper erhält alle nötigen Nährstoffe und Vitamine, die er braucht, um Höchstleistungen zu erzielen. Doch welche Lebensmittel sind besonders gut und welche sollten gemieden oder möglichst selten gegessen werden? Eine Ernährungsumstellung funktioniert allerdings meist nur, wenn zunächst das bisherige Ernährungsverhalten unter die Lupe genommen wurde.

Wie bereits gesagt, ist die Zusammensetzung der Ernährung entscheidend für den Erfolg. Die Ernährung ist an die eigenen Präferenzen anzupassen. Je nach Ausdauer-, Schnelligkeits- und Krafttraining werden unterschiedliche Mengen an Energie – dazu gehören Fett, Kohlenhydrate und Eiweiß – benötigt.

In Fisch, Fleisch, Eiern und Milchprodukten stecken viele wertvolle Proteine. Eier enthalten das hochwertigste Nahrungseiweiß. Sie eignen sich auch perfekt für vegetarische Mahlzeiten, die sehr wohl proteinreich sein sollen. Denn ein bis zwei vegetarische Tage in der Woche sind auf jeden Fall sinnvoll. Fleisch enthält viel Eiweiß und liefert Eisen – aber die Ernährung sollte keinesfalls fleischlastig sein. Fisch sollte ein bis zwei Mal in der Woche auf dem Speiseplan stehen, denn darin stecken wichtige Nährstoffe. Immer mehr Menschen sind Verfechter einer kohlenhydratreduzierten Ernährung, um ihre sportliche Leistung zu verbessern. Hierbei handelt es sich um eine Ernährungsform, bei der weniger als 20 Prozent des täglichen Kalorienbedarfs durch Kohlenhydrate gedeckt werden. Der restliche Bedarf wird über Proteine und Fette ausgeglichen.

Der Körper kann unter einer kohlenhydratreduzierten Ernährung die Fettoxidation verbessern und so verstärkt auf die körpereigenen Fettreserven zurückgreifen. Der Vorteil der Fettreserven im Vergleich zu den Glykogenspeichern in Muskulatur und Leber ist die Größe bzw. die gespeicherte Energie der Fettreserven. Diese entleeren sich erheblich langsamer als die Glykogenspeicher. Eine anfängliche Müdigkeit und Kraftlosigkeit in der Anpassungsphase ist in der Regel nach 2 bis 3 Wochen vorüber. Unbestritten ist zumindest, dass es zu einer Verbesserung der oxidativen Kapazität und einer vermehrten Bildung von Fettsäure- transportern sowie Mitochondrien (Kraftwerke der Zellen) kommt.

Mit dem Verständnis der verschiedenen Energiegewinnungsprozesse sind allerdings zwei wesentliche Vorteile der Kohlenhydrate gegenüber den Fetten im Belastungsstoffwechsel hervorzuheben. Zunächst können Kohlenhydrate anaerob etwa fünf Mal und aerob immer noch zwei bis drei Mal schneller freigesetzt werden als Fette. Sie besitzen somit eine höhere Energieflussrate. Darüber hinaus liefern Kohlenhydrate pro Liter aufgenommenen Sauerstoffs im Durchschnitt 8,6 Prozent mehr Energie als die Oxidation aus freien Fettsäuren.

Kohlenhydrate

Kohlenhydrate unterstützen die Regeneration und füllen nach dem Sport die Glykogenspeicher wieder auf. Frauen sollten täglich rund 230 Gramm, Männer etwa 300 Gramm Kohlenhydrate zu sich nehmen. Neben der Energiebereitstellung ist es wichtig, schnell wieder ausgeruht zu sein, um den nächsten Trainingsreiz setzen zu können. Es ist auch wichtig, ein starkes Immunsystem zu haben, um nicht anfällig für Erkältungen zu sein. Es ist darauf zu achten, ein Grundmaß an Kohlenhydraten zuzuführen. Wichtiger ist allerdings die Zuführung von Eiweiß und Mineralstoffen. Sportler benötigen viel Energie, um einen Wettkampf gut zu überstehen. Diese Kraft können ihnen Lebensmittel wie Reis, Kartoffeln und Nudeln geben – am besten in der Vollkornvariante, da diese besonders lange satt hält. Auch nach dem Sport sind leicht verdauliche Lebensmittel sinnvoll, um die Regeneration des Körpers zu unterstützen. Ein zielführender Ernährungsplan darf also reichlich komplexe Kohlenhydrate enthalten.

Geeignete Kohlenhydratquellen

stärkehaltige Lebensmittel:	Getreidekörner
	Vollkornprodukte (Dinkel, Roggen)
	Hafer- und Weizenflocken
	Hülsenfrüchte
	Kartoffeln
	Teigwaren, Reis etc.

Obst:	Apfel und Birne
	Banane (Energielieferant für Sportler)
	Zitrusfrüchte
	Beerenfrüchte
	Ananas, Kiwi etc.
Gemüse:	Kohlgemüse (Rotkohl, Blumenkohl etc.)
	Blattgemüse, Salate
	Tomaten, Paprika, Gurke
	Spargel
	Möhren etc.

Der Gesundheitswert von Kohlenhydraten wird nicht nur über die Verzehrmenge bestimmt, sondern auch über die Kohlenhydratqualität. Das Konzept vom Glykämischen Index und der Glykämischen Last als Qualitätsparameter hat sich durchaus bewährt. Der Glykämische Index (GI) ist definiert als das Maß für die Blutglukosewirksamkeit nach Zufuhr von 50 Gramm verwertbaren Kohlenhydraten mit einem Testlebensmittel. Oder pragmatisch ausgedrückt: Der Glykämische Index (GI) beschreibt das Ausmaß des Blutzuckeranstiegs nach dem Verzehr eines Lebensmittels. Dabei gelten 50 Gramm Glukose mit dem Wert von 100 Prozent als Referenz. Lebensmittel mit einem hohen GI führen zu einem rascheren Anstieg und einem höheren Maximalwert des Blutzuckers als solche mit einem niedrigen GI. Damit ist der GI quasi ein Maß für die ernährungsphysiologische Qualität der verzehrten Kohlenhydrate. Die Einteilung der Lebensmittel erfolgt nach definierten Grenzwerten sowohl für den Glykämischen Index (GI) als auch für die Glykämische Last (GL).

Eher ungeeignete Kohlenhydratquellen

zuckerhaltige Lebensmittel:	Süßwaren, Fruchtgummi etc.
	Softgetränke (Cola, Fanta, Limonaden)
	Eiscreme
	Kuchen, Torten, Konfitüren etc.
	Obst aus Konserven, Smoothies
Teigwaren:	Weißmehlprodukte
	Toastbrot, Weißbrot, weiße Brötchen
	Kekse und Backwaren

Obst und Gemüse

Obst und Gemüse sind ausschlaggebend für einen gesunden Körper. Wir empfehlen täglich fünf Portionen Obst und Gemüse: drei Portionen Gemüse, zwei Portionen Obst. Umgerechnet sind das etwa 400 Gramm Gemüse und 250 Gramm Obst. Die Ernährung muss Obst und Gemüse beinhalten, damit Vitamine und Mineralstoffe aufgenommen werden.

Jede Mahlzeit sollte Obst oder Gemüse beinhalten. So sind auch keine zusätzlichen Vitaminpräparate erforderlich. Frischobst und -gemüse sind Säften und Smoothies vorzuziehen. Gesüßte Getränke enthalten viel Zucker und sollten daher eine Ausnahme bleiben. Die Empfehlung liegt bei maximal 25 Gramm Zucker pro Tag. Ganz darauf verzichten müssen Sie also nicht. Hin und wieder ist es in Ordnung, zum Beispiel nach dem Training, eine Saftschorle zu trinken. Während des Trainings sollten kohlensäurehaltige Getränke vermieden werden.

Omega-3-Fettsäuren

Hochwertige Fette sind wichtig für den Körper. Ungesättigte Fettsäuren enthalten Bestandteile, die der Körper nicht selbst herstellen kann. Viele ungesättigte Fettsäuren stecken zum Beispiel in Fischen wie Zander oder Seelachs, aber auch in Raps-, Soja- oder Olivenöl. Fette Fleischprodukte und Käse, Sahne, Butter und Schmalz, Backwaren und fettige Süßigkeiten, Palm- und Kokosnussöl sowie zahlreiche Fertigprodukte enthalten gesättigte Fettsäuren. Die Bestandteile der gesättigten Fettsäuren kann der Körper selbst herstellen. Die Energie, die der Körper nicht braucht, wird im Fettgewebe gespeichert. Wird über einen längeren Zeitraum zu viel Energie aufgenommen, wächst der Fettspeicher. Bei einer ausgewogenen Ernährung sollten etwa 60 Gramm Fett täglich aufgenommen werden. Die täglich empfohlene Fettmenge sollte zu etwa 16 Gramm bei Frauen und 19 Gramm bei Männern durch gesättigte Fettsäuren gedeckt werden.

Wasser

Essenziell für einen Ernährungsplan ist der Flüssigkeitshaushalt. Da der menschliche Körper zu 60 Prozent aus Wasser besteht, sollte der Wasserhaushalt stets ausbalanciert sein. Täglich mindestens 2 Liter Wasser gelten daher als eine sinnvolle Trinkmenge. Weil der Körper beim Training viel Natrium und Wasser ausschwitzt, ist es wichtig, auch den Natriumhaushalt wieder aufzufüllen. Die empfohlene Natriummenge liegt bei etwa 550 Milligramm pro Tag. Es ist auch entscheidend, wann Sie trinken. Etwa vier Stunden vor dem Training sollte ein halber Liter Wasser getrunken werden und 15 Minuten vorher weitere 250 Milliliter.

Wettkampf und Timing

Einigen Studien zufolge können Proteine, die vor dem Workout aufgenommen werden, die Muskelproteinsynthese verbessern. Hierbei ist es egal, ob das Eiweiß allein oder in Kombination mit Kohlenhydraten verzehrt wird. Eine weitere Studie beweist, dass eine positive anabole Reaktion der Muskeln eintritt, wenn vor dem Training etwa 20 Gramm Whey Protein aufgenommen wurden. Der Verzehr von Proteinen vor dem Training kann auch eine verbesserte Muskelregeneration, mehr Kraft und Magermasse im Körper oder eine verbesserte Muskelleistung nach sich ziehen. Während des Trainings werden die Glykogenspeicher erschöpft, da der Körper daraus Energie für die Muskeln zieht. Täglich sollten etwa 0,8 Gramm Protein pro Kilogramm Körpergewicht aufgenommen werden. Das sind durchschnittlich etwa 57 Gramm bei männlichen und 48 Gramm bei weiblichen Fußballern. Proteine unterstützen die Regeneration und den Muskelaufbau.

Am Abend vor einem Wettkampf werden die Kohlenhydratspeicher aufgefüllt. Hier stehen primär Nudeln oder Kartoffeln mit Gemüse, Salat und Wasser auf dem Speiseplan. Auch Fisch darf auf den Teller kommen. Nach intensiver Belastung beginnt der Körper, die Glykogenspeicher aufzufüllen und die Muskelproteine zu reparieren. Führt man ihm während dieser Phase die richtigen Nährwerte zu, beschleunigt das die

Regeneration. Etwa ein Drittel des Glykogens befindet sich in der Leber, zwei Drittel sind in der Muskulatur zu finden. Das Leberglykogen hält den Blutzuckerspiegel aufrecht, während das gespeicherte Glykogen in den Muskelzellen für die Muskelkontraktion und die Energiebereitstellung verantwortlich ist. Wird nach einem Wettkampf kohlenhydrat- und proteinreich gegessen, so kann der Eiweißabbau in den Muskeln gering gehalten werden, die Muskelproteinsynthese wird begünstigt, die Glykogenspeicher werden aufgefüllt und die Regeneration vorangetrieben.

Führungskompetenz Humor

Es gibt Menschen, die sich empören, wenn über bestimmte Themen Witze gemacht werden. Wir sind davon überzeugt, dass diese Leichtigkeit im Leben von fundamentaler Bedeutung ist. Mit Humor geht vieles leichter. Deshalb mein Tipp: Nimm das Leben nicht zu ernst – du kommst da eh nicht lebend raus. Und lachen Sie wieder mehr! Ein Kind lacht täglich bis zu 500 Mal. Lachen lässt unser Gehirn Glückshormone ausschütten, fördert den Stressabbau, und selbst Schmerzen werden gelindert. Tun Sie also Ihrer psychischen und physischen Gesundheit einen Gefallen und nehmen Sie das Leben locker. Lösen Sie sich von aktueller Betroffenheit und lernen Sie, Dinge mit heiterer Gelassenheit anzunehmen. Sie dürfen gerne lachen! Ein wenig Humor und Albernheit schaden Ihnen nicht. Im Job verhilft Lachen zu mehr Spaß bei der Arbeit, es fördert ein angenehmes Betriebsklima und führt zu mehr Effizienz und Motivation. Außerdem ist längst bewiesen: Führungskräfte, die Menschen zum Lachen bringen, stärken den Teamgeist und sind erfolgreicher. Allerdings: Zu den Risiken und Nebenwirkungen von „Lachen" gehören Bauchmuskelkater, Tränen oder Heiserkeit. Humor ist ein wichtiges Werkzeug. Doch es könnte noch viel mehr genutzt werden. Ein herzhaftes Lachen – oder besser noch eine Arbeitskultur, die eine gewisse Leichtigkeit fördert – verbessert die zwischenmenschliche Kommunikation und stärkt den sozialen Zusammenhalt. Wissenschaftliche Untersuchungen belegen, dass Humor die Statushierarchie in einer Gruppe beeinflussen und festigen kann. Darüber hinaus entstehen zwischenmenschliches Vertrauen und wertvolle Arbeitsbeziehungen. Humor bestimmt, wie Menschen das Selbstbewusstsein, die Kompetenz und die Klarheit der Kommunikation ihres Gesprächspartners wahrnehmen. Humor hat Einfluss auf wesentliche Verhaltensweisen und Einstellungen, die für Effektivität und Effizienz entscheidend sind. Und Humor wirkt sich auf die Leistung von Menschen aus, auf ihre Zufriedenheit, ihre Bindung an den Arbeitgeber, das freiwillige Arbeitsengagement – sogenanntes Organizational Citizenship Behavior –, die Kreativität, die psychologische Sicherheit in Gruppen und das Interesse an weiterer Zusammenarbeit. Humor und Lachen sind eng mit Status und Macht verbunden. Wer beides gut einzusetzen weiß, macht vieles richtig.

Schluss mit den humorfreien Zonen

Lachen fördert Leistung. Nicht nur die eigene übrigens, sondern auch die des gesamten Teams. Menschen, die fröhlich sind, werden gemeinhin als sympathischer und kompetenter wahrgenommen. Denken Sie an Situationen, in denen Sie sich so richtig ärgern. Da grummelt der Magen unangenehm, nicht selten kommt Kopfweh auf und überhaupt kann es Ihnen nun auch keiner mehr recht machen – Sie gehen die Dinge mit einem negativen Grundton an. Und nun holen Sie sich eine humorvolle Situation ins Gedächtnis: Der Magen kann schon mal wehtun, jedoch sind da eher die Lachmuskeln schuld. Kopfweh kommt gar nicht erst auf, und alles, was für den Rest des Tages an Sie herangetragen wird, betrachten Sie locker und humorvoll.

Lachen, um Spannungen abzubauen

Evolutionsforscher gehen davon aus, dass unsere Urahnen gelacht haben, um Spannungen abzubauen. Für die Forscher war insbesondere die Tatsache interessant, dass Humor vor allem in Krisensituationen zu einem festeren Miteinander führt. Gemeinschaftliches Lachen befreit. Dadurch wird sogar die Handlungsfähigkeit von Gruppen wiederhergestellt. Stellen Sie sich vor, Sie bemerken einen Fauxpas. Es ist nichts Schlimmes geschehen – einen Wutausbruch ist das keinesfalls wert. Wenn Sie es humorvoll angehen, bleibt peinliches Schweigen aus und alle Beteiligten, vor allem aber der Betroffene selbst, bleiben entspannt.

Humor ist eine Führungskompetenz

Lachen Sie häufiger im Team! Nutzen Sie aktiv Besprechungen oder Meetings, um Ihrem Team mit Humor zu begegnen. Denn ein humorvolles Miteinander stärkt effektiv das Wir-Gefühl. Wenden Sie als Führungskraft sozialen Humor an, so punkten Sie mit Ihrem Auftreten. Betrachten Sie alles, was an Sie herangetragen wird, mit einem versöhnlichen Augenzwinkern. Den Fauxpas eines Ihrer Kollegen können Sie wegläched – Ihr Kollege versteht den Wink und ein solcher Fehler wird nicht noch einmal passieren. Betrachten Sie alles, was auf Sie einströmt, aus der Sicht dessen, der es an Sie heranträgt. Sie können noch wohlwollender auf das Verhalten des Kollegen schauen, weil Sie wissen, dass dieser Fehler passiert ist, nachdem heute früh sein Auto liegen geblieben ist. So agieren Sie konstruktiv – selbst in schweren und eher unangenehmen Situationen. Hinzu kommt ein Plus an Vertrauen, das Sie erhalten, weil Sie angemessen und human reagiert haben. Sozialer Humor ist immer wohlwollend, immer positiv – er zieht niemanden „in den Dreck". In der Folge fördern Sie den Beziehungsaufbau und schaffen Identifikationsmöglichkeiten für Ihr Team. All das motiviert Ihr Umfeld ungemein. Darüber hinaus, so die Ergebnisse wissenschaftlicher Studien, werden auch kritischere Entscheidungen eher von Ihren Kollegen mitgetragen, wenn Sie sich als Führungskraft humorvoll geben. Aggressiver Humor ist ein No-Go. Sie sind aggressiv-humorvoll, wenn Ihre „Scherze" auf Kosten anderer gehen und Sie die Grenzen des guten Geschmacks hinter sich lassen.

Was gibt es da zu lachen?

In vielen Bereichen gibt es leider nichts mehr zu lachen. Es geht nur noch darum, den Marktanteil zu vergrößern, die Produktivität und den Shareholder Value zu steigern sowie die Kosten zu reduzieren. Daher passiert es, dass einem das Lachen im wahrsten Sinne des Wortes vergehen kann. Jetzt kommt der anspruchsvolle Teil, nämlich das Erlauben von Humor. Eine Möglichkeit dazu bietet Ihnen der Witz, eine erzählerische Kurzform mit Explosivcharakter, in der eine bewusst gesteigerte Spannung eine überraschende Auflösung erfährt. Seine Wirkung beruht auf der Diskrepanz zwischen Erwartung und Ergebnis. Um die Bedeutung von Witzen im Job besser zu verstehen, lässt sich folgende Annahme formulieren: Witze sind verkleidete Enthüllungen von Situationen, die im Alltag erlitten, aber selten offen zur Sprache gebracht werden.

Ein Witz stiftet zunächst Verwirrung. Eine Ungereimtheit wird vorgestellt, ein Widerspruch erzeugt – und schließlich folgt die Pointe. Bis zur Pointe erscheint die geschilderte Situation ganz normal. Die kurzzeitige Verwirrung, die die Pointe stiftet, macht die Situation bemerkenswert. Ein Witz kann in sechs Phasen unterteilt werden:

Phase 1: Eine Einleitung schafft den Erwartungsrahmen.
Phase 2: Die mitwirkenden Personen werden genannt.
Phase 3: Die Situation wird geschildert.
Phase 4: Die Situation wird dramatisiert und zugespitzt.
Phase 5: Die Situation erfährt eine überraschende Wende.
Phase 6: Die Situation wird mit der Pointe aufgelöst.

Witze ermöglichen einen Perspektivwechsel

Witze machen vieles erträglicher. Das, worüber wir uns aufregen, wird plötzlich lustig, und wenn wir es richtig verpacken, wird eine gute Story daraus. Wenn Ihnen die folgenden Beispiele gefallen, spricht nichts dagegen, sie weiterzuerzählen oder auf Ihre Situation anzupassen.

Ein Club der 2. Fußball Bundesliga hat sein Führungsteam zu einer Teambuildingmaßnahme geschickt. Das Team soll trainieren, auch in einer ungewohnten Situation Lösungen zu erarbeiten sowie rasch und zielgerichtet zu entscheiden. Am zweiten Tag wird den Teilnehmern die Aufgabe gestellt, die Höhe einer Fahnenstange zu messen. Sie gehen hinaus auf den Rasen, beschaffen sich eine Leiter und ein Bandmaß. Die Leiter ist zu kurz. Also holen sie einen Tisch, auf den sie die Leiter stellen. Es reicht immer noch nicht. Sie stellen schließlich einen Stuhl auf den Tisch. Da der Aufbau sehr wackelig ist, fällt er immer wieder um. Alle reden gleichzeitig. Jeder präsentiert einen anderen Vorschlag zur Lösung des Problems. Es herrscht ein heilloses Durcheinander. Ein Ingenieur, der zufällig vorbeikommt, sieht sich das Treiben ein paar Minuten lang an. Dann zieht er wortlos die Fahnenstange aus dem Boden, legt sie auf den Rasen, greift sich das Bandmaß und misst die Stange von einem Ende zum anderen. Er schreibt das Ergebnis auf einen Zettel und drückt ihn zusammen mit dem Bandmaß einem dem Sportdirektor in die Hand. Dann geht er seines Weges. Kaum ist er um die Ecke, sagt der Sportdirektor: „Das war typisch Ingenieur! Wir brauchen die Höhe der Stange und er sagt uns die Länge! Deshalb lassen wir Leute ohne Sportkompetenz auch nie in den Vorstand."

Nach der dritten Niederlage in Folge fragt der Trainer seinen Stürmerstar: „Na, wann bekomme ich denn von dir mal wieder etwas Ordentliches zu sehen?" – „Heute Abend, Trainer!", erwidert der Stürmer. „Da präsentiere ich bei Netflix Nivea for Men für starke Helden mit sensibler Haut."

Erzählt der Trainer einen Witz und alle Spieler kugeln sich vor Lachen. Alle, bis auf einen. Fragt der Trainer ihn irritiert: „Bist du schlecht drauf oder hast du einfach keinen Sinn für Humor?" „Weder noch", entgegnet der Spieler, „ich habe einen neuen Verein!"

„Sag mal, versteht euer Trainer wirklich etwas von Fußball?" „Aber klar doch! Vor dem Spiel erklärt er uns, wie wir gewinnen können, und nach dem Spiel analysiert er, warum wir verloren haben!"

Zwei Vereinsmanager sitzen in einem Flugzeug auf dem Weg vom Airport München zum Hamad International Airport, Katar. Nach einer Stunde Flugzeit meldet sich der Kapitän: Ein Triebwerk streike, es bestehe aber kein Grund zur Panik. Auch mit drei Triebwerken komme man sicher an, nur werde sich die Flugzeit auf sieben Stunden verlängern. Nach einiger Zeit meldet sich der Pilot erneut: Er erklärt, noch eine Düse sei ausgefallen, der Flug dauere nun zehn Stunden. Noch später heißt es, auch die dritte Düse sei kaputt, das Flugzeug könne jedoch mit einer Turbine in New York landen – in achtzehn Stunden. „Verdammt", sagt da der eine Clubmanager zum anderen, „ich hoffe, die letzte Düse fällt nicht auch noch aus, sonst bleiben wir ewig hier oben."

Wer jetzt lächelt, muss sich nur ein bisschen schämen

Ein feinsinniges Spiel mit der Sprache und ihren Ausdrucksmöglichkeiten bieten Ihnen Wortspiele. Intelligenter Humor zum Nachdenken, Schmunzeln, Lachen oder um die Stimmung zu heben. Wir haben für

Sie ein paar absurde und merkwürdige Wortspiele zusammengetragen. Aber Vorsicht, mit den Sprüchen ernten Sie nicht immer Lacher. Oftmals sind fragende Blicke, hochgezogene Augenbrauen oder ein resigniertes Kopfschütteln nicht selten.

Nicht jeder, der aus dem Rahmen fällt, war vorher im Bilde.
Immer den Ball flach spielen und hoch gewinnen.
Mancher fasst sich an den Kopf und greift ins Leere.
Alles wird gut, und wenn es noch nicht gut ist, dann mach weiter.
Meister fallen nicht vom Himmel, sie machen einfach.
Lange Rede gar kein Sinn.
Besser machen ist besser als besser wissen.
Vertrauen ist gut, Selbstvertrauen ist besser.
Weiß ich, stört mich aber nicht.
Wunder gibt es immer wieder, nur nicht im Fußball.
Wenn du erfolgreich bist, ist jede Tapete schön.

Humorvolle Menschen sind erfolgreicher

Gerade im zwischenmenschlichen Bereich entwickelt Humor eine ungeheure Kraft. Humor deeskaliert, löst Denkblockaden, findet eine gemeinsame Ebene und steigert sogar das Erinnerungsvermögen. Die Psychologen Kaplan und Pascoe bestätigten durch ihre wissenschaftlichen Arbeiten, dass Zuhörer sich eher an die Inhalte einer Präsentation erinnern, wenn diese mit Humor gewürzt war. Als sei dies nicht genug, konnten Studien von Alice M. Isen von der Cornell University in New

York zeigen, dass humorvolle Kollegen beliebter und populärer sind, häufig besser eingeschätzt und schneller befördert werden.

Humor ist eine Geisteshaltung und ein soziales Schmiermittel sowie ein veritables Zeichen für hohe Intelligenz. Fakt ist: Der Sinn für Humor verbindet Menschen. Und er besitzt zudem die Fähigkeit, problematischen Situationen doch noch irgendeinen lustigen Aspekt abzugewinnen. Deshalb verleiht er humorvollen Menschen auch enorme Größe: Sie stehen scheinbar über den Dingen.

Take it easy

Wer immer verbiestert dreinschaut, nervt nicht nur seine Mitmenschen, sondern macht zudem seinem Gehirn die Arbeit unnötig schwer. Also cool bleiben! Innere Ruhe ist ein Zustand von Souveränität und Ausgeglichenheit. Es herrscht Ordnung in Ihrem Kopf. Wenn Sie das erreichen, sehen Sie alles viel gelassener, lassen sich nicht aus der Ruhe bringen und regen sich schon gar nicht über Kleinigkeiten auf. Vielmehr gibt Ihnen Ihre Gelassenheit innere Sicherheit. Statt sich in Aggressivität, Ohnmacht und explodierenden Emotionen zu verlieren, können Sie humorvoll und angemessen reagieren. Je mehr Möglichkeiten Sie wahrnehmen, desto besonnener bleiben Sie und desto mehr Handlungsspielraum steht Ihnen zur Verfügung.

Raus aus der Komfortzone

Verlassen Sie Ihre Gewohnheiten. Die Macht der Gewohnheit ist der härteste Klebstoff der Welt. Wenn wir mit einem bestimmten Vorgehen lange erfolgreich waren, können wir uns kaum vorstellen, dass wir auf andere originelle Weise noch viel erfolgreicher sein könnten. Dieser eine Schritt, den Sie nicht tun, weil Sie unsicher sind, weil er Aufwand erfordert, kurz: weil Sie dafür Ihre Komfortzone verlassen müssten. Der Erfolg der Vergangenheit wird dann zur Krise der Zukunft.

Die Komfortzone zu verlassen bedeutet, Mut zu haben und die eigenen Unsicherheiten zu überwinden. Aus der Komfortzone auszubrechen, heißt aber auch, freier zu werden. Sie hören auf, sich von Gewohnheiten einschränken zu lassen. Das kann sehr gesund sein und Sie dabei unterstützen, weiterzukommen, statt auf der Stelle zu treten. Komfortzonen sind allerdings höchst individuell. Sie sind Teil der Persönlichkeit und des Charakters. Daher ist es wichtig herauszufinden, wo die eigene Komfortzone beginnt beziehungsweise endet. Das Leben beginnt immer erst am Ende der Komfortzone. So unangenehm die ersten Schritte außerhalb der gewohnten und selbst gesteckten Grenzen auch sein mögen: Sie sind es wert! Wachstum und Entwicklung sind nur möglich, wenn wir uns regelmäßig neuen Aufgaben stellen.

Wir sind nicht dafür gemacht, es bequem zu haben, so schön sich das auch anfühlen mag. Körper und Geist hungern nach neuen Reizen, nach Training, nach Entwicklung. Nur so leben wir unser Leben und lassen es nicht einfach geschehen. Allerdings hat eine Komfortzone auch positive Aspekte. Einige Muster und Gewohnheiten haben sich aus einem bestimmten Grund festgesetzt: Sie geben uns Struktur und Sicherheit. Aber oft lassen solche Gewohnheiten und Bequemlichkeiten keinen Raum mehr zum Wachsen und keinen Platz für Neues. Change ist als Chance zu verstehen. Verkrustete Strukturen sind aufzubrechen und scheinbar unabänderliche Prozesse zu hinterfragen. Die eigene Rolle ist neu zu denken. Schluss damit – und was kommt dann? Nicht allein der weite Blick nach vorne ist gefragt, sondern auch der zur Seite. Argumente, um aus der Komfortzone auszubrechen:

Wachsen tut weh. Geht aber vorbei.

Kennen Sie den Ausdruck „Wachstumsschmerz"? Das haben wir selbst im Kinder- und Jugendalter erlebt. Während der Körper in die Höhe schießt und sich die Gliedmaßen strecken, tut es manchmal weh. Das können Sie auf jede neue Herausforderung in Ihrem Erwachsenenleben übertragen. Natürlich macht es Sie im Vorfeld unsicher, die attraktive Kollegin nach der Arbeit auf einen Drink einzuladen. Klar geht Ihnen die Pumpe, wenn Sie in eine neue Stadt ziehen, ins Unbekannte. Aber warum sollte dieses Gefühl grundsätzlich schlecht sein? Es kann genauso gut die richtige Menge an Adrenalin liefern, die Sie benötigen, um Ihr Vorhaben in die Tat umzusetzen. Nehmen Sie es als Indikator dafür, dass Ihnen etwas wichtig ist, genießen Sie die Aufregung. Und das Gute ist ja: Der Schmerz geht vorbei. Also: Nase putzen, die Ärmel hochkrempeln und den Schmerz aushalten.

Wer wagt, gewinnt – immer

Ein ziemlich abgedroschener Spruch, aber er trifft es nun mal. Wie wollen Sie herausfinden, ob Sie den Marathon bewältigen würden, wenn Sie gar nicht erst rausgehen, um zu trainieren? Genau: gar nicht! Und wenn es mal nicht klappt? Hey, dann können Sie immer noch stolz sein, dass Sie es versucht haben. Anschließend machen Sie einfach weiter. Versuchen Sie es noch einmal – besser oder auf eine andere Art und Weise als sogenannte „Heldenreise". Machen Sie es besser als Karl-Heinz. Der sitzt übrigens immer noch in seinem Sessel.

Okay, jeder hat gerne das Gefühl, die Kontrolle über das eigene Leben zu haben. Es gibt uns Sicherheit, wiegt uns in Geborgenheit, ist komfortabel. Es ist der Bereich, in dem Sie sich auskennen, den Sie beherrschen und auf den Sie Einfluss nehmen können. Im Alltag sind das beispielsweise die Themen, die Sie routiniert erledigen können, bei denen Sie alle möglichen Fallstricke bereits erlebt haben, die Ihnen leicht von der Hand gehen und für die Sie mit Ihren Kompetenzen optimal gerüstet sind. Lieber geregelte Abläufe, als etwas Neues auszuprobieren. Lieber mit den bereits bekannten Gesichtern quatschen, statt neue interessante Kontakte zu knüpfen.

Keine Frage: Jeder von uns kann sich das Leben innerhalb der Komfortzone schönreden. Aber ist es wirklich das, was Sie vom Leben erwarten? Wer partout nicht über seinen Tellerrand blicken will, der schließt sich de facto von vielen Seiten und Gelegenheiten des Lebens aus. Anspruchsvolle Herausforderungen, neue Freunde, privates Glück, beruflicher oder sportlicher Erfolg, körperliche Gesundheit oder persönliche Entwicklung gibt es nie innerhalb der Komfortzone. All das erfordert stets den Schritt nach draußen. In die Lernzone und Wachstumszone.

Bequemlichkeit ist ein Aspekt, der dafür sorgt, dass wir die Komfortzone nicht verlassen. Je besser wir uns mit etwas auskennen, desto weniger Anstrengungen sind erforderlich. Alles funktioniert im Autopiloten. Bloß kein Stress! Bloß keine Aufregung. Noch mehr binden uns Ängste in der eigenen Komfortzone. Vor allem drei Ängste sorgen dafür, dass wir unsere Komfortzone nur ungern verlassen:

Die Angst vor dem Versagen: Versagensangst ist eine der größten Hürden, die jeder in seinem Leben überwinden muss. Gerade Veränderungen verursachen regelmäßig diese Angst. Nicht wenige assoziieren damit ausschließlich Negatives. Sie sehen viel eher die Risiken als die Chancen. Innerhalb der Komfortzone sind Ängste kaum wahrnehmbar. Sie lassen so aber auch viele Chancen ungenutzt verstreichen.

Die Angst vor der Anstrengung: In der Komfortzone ist es kaum erforderlich, dass sich Betroffene groß anstrengen. Sie kennen die Abläufe und wissen, was auf sie zukommt. Diese Zone zu verlassen, bedeutet zwangsläufig mehr Training, Einsatz, Aufwand, Mühe und Arbeit. Sie werden sich neuen Herausforderungen stellen, Neues lernen, und immer wieder klein anfangen.

Die Angst vor Zurückweisung: Wer etwas gut kann und seine Fähigkeiten unter Beweis gestellt hat, genießt den Respekt seines Umfeldes. Kurz: Sie haben sich einen Namen gemacht und sich Anerkennung erarbeitet. Außerhalb dieses Hoheitsgebiets ist es erforderlich, sich neu zu beweisen und sich der Beurteilung durch andere neu auszusetzen. Und die finden Sie womöglich gar nicht so toll oder weisen Sie ab, weil Sie in deren Komfortzone eindringen. Raus aus der Komfortzone birgt deshalb immer die Möglichkeit, vor den Kopf gestoßen oder mit Distanz und Ablehnung konfrontiert zu werden.

Die Magie beginnt außerhalb der Komfortzone

Wer sich nur im gewohnten Rahmen bewegt und Veränderungen verhindert, entwickelt sich nicht weiter. Die Erkenntnis ist unbequem, aber zutreffend: Wer erfolgreich, zufrieden und glücklich werden will, sollte regelmäßig seine Komfortzone verlassen. Die gute Nachricht: Der Schritt raus aus berechenbaren Routinen, bekannten Prozessen und eintönigen Strukturen gelingt schon in kleinen Schritten. Durch Mini-Veränderungen im Alltag. Die Komfortzone zu verlassen bedeutet, Mut zu haben und die eigenen Unsicherheiten zu überwinden. Aus der Komfortzone auszubrechen, heißt aber auch, freier zu werden. Sie hören auf, sich von Bequemlichkeiten und Gewohnheiten einschränken zu lassen.

Und jetzt raus aus der Komfortzone

Um aus Ihrer Komfortzone auszubrechen, sollten Sie sie erst mal erkennen. Beobachten Sie sich während Ihres Alltags. Machen Sie sich vielleicht sogar Notizen dazu. Wo wählen Sie unbewusst den bequemeren, einfacheren Weg? Wo haben sich Muster und Strukturen in Ihrem Leben festgesetzt, an denen Sie nur aus Gewohnheit festhalten? Auch ein Rundgang durch die eigenen vier Wände kann helfen, Ihnen solche Komfortzonen vor Augen zu führen: alten Kram, den Sie immer noch horten, obwohl er vielleicht gar nicht mehr funktioniert und Sie wahrscheinlich sogar einengt. Vermutlich findet jeder solche Dinge, die sich einfach im Alltag eingeschlichen haben.

Mit kleinen Dingen beginnen

Seien Sie aufmerksam, aber nicht zu streng mit sich selbst. Niemand, auch Sie selbst nicht, sollte von Ihnen erwarten, dass Sie von jetzt auf gleich Ihr ganzes Leben ändern. Komfortzone bedeutet auch nicht, dass alles schlecht ist. Fangen Sie mit kleinen Dingen an. Starten Sie zum Beispiel damit, an ein, zwei Abenden in der Woche das Smartphone beiseitezulegen. Machen Sie stattdessen einen Spaziergang, lesen Sie ein Buch, das schon lange im Regal verstaubt, oder rufen Sie einen lang vergessenen Freund an. Wenn Sie mit solchen Kleinigkeiten anfangen, werden Sie von selbst merken, dass Ihre Schritte größer werden. Vielleicht, indem Sie sich ein neues Hobby suchen oder statt des üblichen Strandurlaubs eine mehrtägige Rad- oder Wandertour planen.

Sagen Sie einfach mal „Ja"

Haben Sie das schon bei sich selbst beobachtet? Sie sagen voreilig Nein zu etwas, ohne groß darüber nachzudenken? Oder Ihr Kopf findet Dutzende Gründe, weshalb Sie nicht Ja sagen sollten. Denn Ja-Sagen hieße, die Komfortzone zu verlassen, etwas zu wagen, die eigene Unsicherheit zu überwinden.

Trauen Sie sich doch mal und sagen Sie Ja zu neuen Herausforderungen. Denken Sie nicht zu lange über die negativen Konsequenzen nach. Wenn Sie schon darüber nachdenken, dann denken Sie an den Gewinn, der möglicherweise aus der neuen Herausforderung erwächst. Auch hier können das ganz kleine Schritte sein – zum Beispiel mit einer Freundin in einen Malkurs gehen, obwohl Sie sich für einen eher unkreativen Menschen halten, oder einen Sprachkurs buchen.

Auch Ihre Freiheit braucht Struktur

Um freier zu werden, bedarf es Struktur. Das klingt komisch? Aus zwei Gründen ist das aber durchaus plausibel: Zum einen können wir erst dann unsere Gedanken auf etwas Neues richten, wenn wir nicht so viel

Zeit auf unsere Alltagspflichten verwenden. Wenn Sie jedes Mal aufs Neue planen und überlegen, was Sie wann und wie erledigen, bleibt Ihnen wenig Raum, über die Ränder Ihrer Komfortzone hinauszublicken. Der zweite Aspekt ist die Motivation: Oft fällt es uns schwer, uns zu Dingen zu motivieren, vor allem, wenn sie für uns eine Herausforderung bedeuten. Zu solchen Herausforderungen gehört auch das Verlassen der Komfortzone. Da hilft es, im Alltag einen festen Platz für diese Aufgabe zu finden, ähnlich wie fürs Putzen oder Wäschewaschen. Machen Sie daraus ein kleines Ritual, bei dem Sie sich vornehmen, einmal am Tag, einmal in der Woche oder ganz, wie es Ihnen beliebt, bewusst aus Ihrem Alltag auszubrechen und etwas Neues auszuprobieren.

Wofür bewundern Sie andere Menschen? Beim Ausbruch aus der Komfortzone heißt es: Nachmachen erlaubt! Probieren Sie doch einfach mal selbst etwas aus, was Sie an anderen bewundern. Sie sollten zwar vermeiden, vollständig in die Fußstapfen eines anderen zu treten, denn dann folgen Sie nur ausgetretenen Pfaden. Um jedoch Ihre Komfortzone zu verlassen, müssen Sie das Rad nicht neu erfinden. Wenn Sie andere Menschen beobachten, fällt es Ihnen viel leichter, Ihr Blickfeld über den Alltag hinaus zu erweitern und neue Herausforderungen zu entdecken. Inspiration kann jeder Ihrer Mitmenschen sein.

Die Erweiterung der Komfortzone ist ein Spiel

Fehler machen und scheitern ist gut. Denn auch daran können Sie wachsen. Daher ist es wichtig, Rückschläge nicht zu schwer zu nehmen.

Betrachten Sie das Verlassen der Komfortzone als ein Spiel mit sich selbst. Mal ein Sprung nach vorne, ein Hüpfer zur Seite oder ein kleiner Schritt zurück. So eine spielerische Einstellung hilft Ihnen, sich leichter zu überwinden. Wenn Sie Ihre Mission, die Komfortzone zu verlassen, allzu ernst nehmen, denken Sie zu viel nach. Das kann Sie daran hindern, wirklich etwas zu wagen.

So ein Ausbruch aus der Komfortzone kann Überwindung, Mut und einiges an Kraft erfordern. Vergessen Sie daher nicht, auch an sich selbst zu denken und sich immer wieder zu belohnen. Die Belohnung führt nicht selten zu neuer Motivation.

Exkurs: Leadership und Sportrecht

Ein Aspekt vorweg: Machen Sie sich den Spaß und geben Sie den Begriff „Suspendierung" in eine Suchmaschine ein. Was lesen Sie? Nur juristische Abhandlungen, nicht ein einziger Hinweis zum Thema Leadership oder Führung. Ich formuliere folgende These: Eine „Suspendierung" ist die Offenlegung des Scheiterns der Führung. Ich könnte auch formulieren: Ein Trainer, der zu diesem Mittel greift, ist am Ende seines Lateins und hat versagt. Eine Suspendierung ist nicht dazu angetan, Potenziale zu erkennen, zu heben und zu entwickeln. Einmal suspendiert, und es ist für gewöhnlich vorbei mit der Motivation. Die Extrameile wird nicht mehr möglich sein. Dazu folgende Metapher: Trainer sind wie Formel-1-Piloten. Sie sollten stets die Ideallinie finden. Die Wege sind breiter geworden und die agile Führung macht die Spurmöglichkeiten diverser. Das ist prinzipiell die Allokation im Führungsverhalten eines Leaders.

Okay, im Profifußball können die Vereine den Spielern grundsätzlich mehr Vorgaben machen, als es im „normalen" Arbeitsverhältnis möglich ist. Dass Profifußballer Arbeitnehmer sind, ist gemeinhin bekannt. Weniger bekannt sind die damit verbundenen Verpflichtungen, die über das übliche Arbeitnehmermaß hinausgehen.

Ver- und Gebote im Fußball

Auf dem Platz spielt die Musik. Naturgemäß gibt es immer wieder auch außersportliches Verhalten der Spieler und eine Reaktion der Vereine hierauf. Arbeitsrechtlich betrachtet durchaus spannend: Darf ein Verein seinem Spieler ein Rauch- oder ein Alkoholverbot erteilen oder ihm vorschreiben, ob und welches Tattoo er sich stechen lassen darf?

Im Profifußball können die Vereine den Spielern Vorgaben machen. Begründet wird dies mit der Tatsache, dass die Spieler konstant in der Lage sein müssen, körperliche Höchstleistungen abzuliefern. Dies müssen sie mit ihrem Lebenswandel gewährleisten, zumal die körperliche Leistungsfähigkeit das Kapital der Spieler und auch der Vereine darstellt.

Rauch- und Alkoholverbot

Vor dem Hintergrund der körperlichen Leistungsfähigkeit eines Spielers ist beispielsweise ein Rauchverbot, etwa im Trainingszentrum, zulässig. Ein generelles Rauchverbot – auch in der spielfreien Zeit oder im rein privaten Umfeld – dürfte dagegen nicht gerechtfertigt sein.

Ebenso kann ein Alkoholverbot ausgesprochen werden. Der Spieler hat auf Grundlage des DFL-Mustervertrages eine Pflicht zur gesunden Lebensführung. Außerdem hat er auf seine Vorbildfunktion und die Außendarstellung des Vereins zu achten. So können beispielsweise Alkoholexzesse, insbesondere in der Öffentlichkeit, untersagt werden.

Tattooverbot und Tattoomotive

Auch ein Tattooverbot ist während des aktiven Spielbetriebs zulässig. Aufgrund der erhöhten Entzündungsgefahr überwiegen insoweit die Interessen der Vereine. Grundsätzlich sind Tattoos erlaubt.

Ein Tattoomotiv kann nicht beanstandet werden, soweit es nicht gegen allgemeine gesetzliche Normen verstößt.

Sanktionen, Suspendierungen und Vertragsstrafen

Verbote kann ein Club durch arbeitsrechtliche Sanktionen durchsetzen, wobei hier – anders als im sonstigen Arbeitsrecht – in der Regel keine Abmahnungen ausgesprochen werden. Primär arbeiten die Vereine mit Suspendierungen oder Vertragsstrafen. Ein Fußballer hat im Rahmen seines arbeitsrechtlichen Beschäftigungsanspruches kein Recht auf einen Spieleinsatz, jedoch auf Teilnahme am Trainingsbetrieb.

Entsprechend sind Suspendierungen vom Spiel-, nicht aber auch vom Trainingsbetrieb, grundsätzlich zulässig. Hinsichtlich möglicher Vertragsstrafen gilt, dass diese gemäß DFL-Mustervertrag verbindlich vereinbart sein müssen.

Urlaub, Krankheit und Sonderleistungen

Ein Profifußballer hat als Arbeitnehmer den gesetzlichen Urlaubsanspruch nach dem Bundesurlaubsgesetz. Darüber hinaus sieht der DFL-Mustervertrag entsprechende Regelungen vor. Profifußballer sind gezwungen, ihren Urlaub in der spielfreien Zeit zu nehmen. Während der Saison stehen diesem dringende betriebliche Belange entgegen. Grundsätzlich wäre auch die Inanspruchnahme von Elternzeit unter Beachtung der Ankündigungsfristen möglich. Gertjan Verbeek hat dies – allerdings eher scherzhaft – mal in Anspruch nehmen wollen. Im Krankheitsfall treffen einen Profifußballer mehr Pflichten als einen „klassischen" Arbeitnehmer. So sind die Spieler in der Regel vertraglich verpflichtet, sich vom Vereinsarzt untersuchen zu lassen und diesen sowie die sonstigen behandelnden Ärzte von der Schweigepflicht zu entbinden. Die Entgeltfortzahlung richtet sich – vorbehaltlich vertraglicher Regelungen – jedoch nach dem Entgeltfortzahlungsgesetz. Dienstfahrzeuge werden den Profispielern in der Regel durch einen Sponsor des Vereins gestellt. Die Spieler sind hierbei vertraglich verpflichtet, diese für sämtliche dienstliche Anlässe zu nutzen. Eine weitere Besonderheit im Vergleich zu „klassischen" Arbeitnehmern ist das Verbot der Ausübung besonders gefährlicher Sportarten in der Freizeit.

Einsatzgarantien

Der Beschäftigungsanspruch eines Spielers umfasst nur den Trainingsbetrieb. Hierfür gibt es bereits von der Rechtsprechung entwickelte Mindeststandards. Zwar ist es grundsätzlich denkbar, einen vertraglichen Anspruch auf Einsatzzeiten zu vereinbaren, dies ist jedoch mit dem Charakter des Sports nur sehr schwer vereinbar und auch nicht üblich.

Bei der Ausleihe von Spielern wird durchaus eine entsprechende Klausel („Stammplatzgarantie“) in die Vertragswerke aufgenommen.

Nettogehälter

Die Vereinbarung von Nettogehältern kommt immer wieder vor. Bei solchen Regelungen verpflichtet sich der Club, dem Spieler ein festes Nettogehalt unter Ausschluss aller vorgeschriebenen Einkommensteuern und Sozialabgaben zu zahlen. Der Verein trägt sämtliche Abgabekosten. Da grundsätzlich auch Prämien als „netto“ vereinbart werden, ist hier ebenfalls auf das ordnungsgemäße Abführen der gesetzlichen Abgaben zu achten.

Befristung von Verträgen

Das Bundesarbeitsgericht (BAG) hat bereits mehrfach und konkludent die Zulässigkeit einer Befristung von Verträgen bejaht. Wenn eine Befristung des Arbeitsvertrages von Spielern regelmäßig unwirksam sein sollte, würden perspektivisch überalterte Fußballer die Mannschaft bilden. Für Neuverpflichtungen bliebe weder Platz noch Geld. Es sei denn, die Vereine würden den Spielern mittels Abfindungen den Arbeitsplatz „abkaufen“. Dies erscheint jedoch für den Fußballsport eher unvorstellbar.

Öffentlichkeitsarbeit

Hinsichtlich der Pflichten der Profispieler zur Öffentlichkeitsarbeit enthalten die auf dem DFL-Mustervertrag basierenden Arbeitsverträge dezidierte Regelungen mit umfassenden Pflichten. Die Clubs haben in diesem Zusammenhang weitreichende Befugnisse. Nur wenn im Einzelfall die Belastung aufgrund von Sponsorenterminen oder sonstigen Aktivitäten unzumutbar sein sollte, kann ein Profi diese ablehnen.

Jugendspielordnung und „Probetraining“

Laut Jugendspielordnung ist es einem Jugendlichen nur erlaubt, bei einem fremden Verein mitzutrainieren (z. B. Probetraining), wenn er dafür ausdrücklich eine schriftliche Erlaubnis seines aktuellen Vereins vorweisen kann. Allen Verbandsvereinen ist es untersagt, Junioren aus einem anderen Verein am Training teilnehmen zu lassen. Eine Ausnahme ist nur dann zulässig, wenn der Verein, für den der Junior eine Spielberechtigung besitzt, schriftlich seine Zustimmung gibt. Ein Verein darf Junioren anderer Vereine bei Spielen und Turnieren in seinen Mannschaften nicht mitwirken lassen. So weit die übliche Handhabung.

Inwieweit diese Jugendspielordnung der Verbände mit dem Grundrecht, seinen Beruf frei zu wählen und auszuüben, in Einklang steht, ist unter rechtstheoretischen Aspekten mehr als diskussionswürdig. Vor allem, wenn ein Verbot zur Teilnahme an einem „Probetraining“ von Vereinen dazu genutzt wird, einem jungen Talent die Möglichkeit zu nehmen, sich einem anderen Club zu präsentieren. Diese Vorgehensweise entspricht nicht meiner Philosophie von Talentförderung.

Vorstellungsgespräch statt Probetraining

Ein Bewerbungsgespräch mit Übungseinheiten ist meines Erachtens in diesem Zusammenhang rechtlich anders einzuordnen und kann nicht untersagt werden. Ein solches Vorstellungsgespräch bei einem neuen Club sollte grundsätzlich vor oder nach der Trainingszeit stattfinden. Sollte dies zeitlich nicht möglich sein, so kann sich der Spieler für das Vorstellungsgespräch Urlaub nehmen oder einen seiner freien Tage verwenden. Sich wegen des Vorstellungsgesprächs krank zu melden, ist jedoch die denkbar schlechteste Idee. Auch wer mit dem potenziell neuen Club kommuniziert, sollte dies nur in seiner Freizeit tun.

Es kann auch passieren, dass Spieler zu einem Gespräch während der Trainingszeit eingeladen werden. Zunächst besteht kein Anspruch, für die Vorstellung beim neuen Club freigestellt zu werden. Das gilt, soweit es noch eine längerfristige Bindung an den bisherigen Club gibt. Läuft das Vertragsverhältnis kurzfristig aus, sieht es allerdings anders aus. Dann gibt es einen gesetzlichen Anspruch, für ein Vorstellungsgespräch freizubekommen. Dafür müssen im Voraus eine Freistellung beantragt und zudem Grund und Dauer angeben werden. Der Club darf dieses Verlangen grundsätzlich nicht ablehnen. Bei gegensätzlicher Rechtsauffassung könnte argumentiert werden, dass der Spieler dem aktuellen Club zu „Treue und Loyalität" verpflichtet ist. Die Einordnung dieses Aspektes ist dabei fließend. Es kommt jeweils darauf an, ob die berechtigten Interessen des Clubs durch das Verhalten gefährdet sind. Diese Frage beurteilt sich generell nach den Umständen im jeweiligen Einzelfall und ist von der Dauer des Vertragsverhältnisses abhängig.

Eine Anstiftung zum Andersdenken

Transformationale und transaktionale Führung bieten unterschiedliche Vorzüge. Die transformationale Führung setzt eine anerkannte Persönlichkeit voraus. Die Spieler können sich mit den Zielen und Visionen identifizieren und einen höheren Sinn in ihrer Funktion sehen. Die transaktionale Führung ist stärker geprägt von Vorgaben und dem Prinzip der unmittelbaren Einflussnahme. Transformationale Führung ist die Führung der Zukunft. Bei einigen Trainern und Clubs steht allerdings noch eine sehr klassische Führung auf der Tagesordnung. Geprägt von Disziplin, Vorgaben und Leistung entspricht diese Führung nicht mehr dem aktuellen Zeitgeist. Spieler erwarten Eigenverantwortung und möchten andere Denkweisen einbringen dürfen. Sie sind offen für Veränderungen und Innovation. Diese Fähigkeiten erlangen Spieler nur im Rahmen einer transformationalen Führung. Somit entspricht diese Führung auch mehr den Anforderungen der Generation XYZ. Bei der transformationalen Führung geht man demnach von einer intrinsischen Motivation aus, also einer aus dem Inneren kommenden Motivation. Hier wird der Spieler durch die Persönlichkeit und das Handeln des Trainers gewissermaßen „transformiert“, verwandelt, auf ein höheres Niveau gehoben. Für den eigenen Einsatz wird keine Gegenleistung erwartet. Es reicht aus, durch und mit dem Trainer Dinge zu bewegen und besonders anspruchsvolle Ziele zu erreichen.

Statt direkte Anreize zu geben, sorgt der Trainer für ein sinnstiftendes Umfeld. Er gibt einen Rahmen vor, statt Anweisungen zu erteilen. Ziele werden gemeinsam besprochen. Der Trainer wird respektiert und als Vorbild gesehen. Er motiviert durch Kompetenz und emotionale Intelligenz und nicht durch seine Position.

Es gibt sehr gute Gründe, warum der transformationale Führungsansatz heute so beliebt ist. Beliebtheit an sich ist aber kein Nutzen. Der ist darin zu sehen, dass sich gleich mehrere wichtige Faktoren durch eine transformationale Führung verbessern. Wer mit dem Herzen bei der Sache ist, wird das Team auch in Krisenzeiten nicht im Regen stehen lassen: Intrinsisch motivierte Spieler sind in der Regel glücklicher, was wiederum die Leistungsbereitschaft erhöht.

Den ersten Schritt zum Andersdenken können nur die Trainer einleiten. Kompetenzen wie Empathie und andere Softskills sind dabei zwingend erforderlich. Diese Kompetenzen sollten zudem mit den Werten einer transformationalen Führung übereinstimmen. Außerdem sollten jedem Trainer eine hohe Selbstreflexion und Selbstsicherheit zu eigen sein. Er sollte seine Schwächen kennen und in der Lage sein, eigene Fehler zuzugeben. Transformation passiert auf sämtlichen Ebenen. Alle Veränderungen der Führungskultur sind ohne Wenn und Aber in der Chefetage, sprich im Sportvorstand zu etablieren. Denn nur dort wird über Erfolg und Misserfolg der Umsetzung entschieden.

Auch wenn die transformationale Führung darauf aufbaut, dass gemeinsam Ziele erarbeitet und erreicht werden, kommt sie nicht ohne einen Orientierungsrahmen aus. Außerdem kann es Situationen geben, in denen für den einen oder anderen Spieler eine unangenehme Entscheidung getroffen und umgesetzt werden muss.

Leadership Fallstudien

Nach dem Leitsatz „Eine Fallstudie sagt mehr als tausend Worte" habe ich in diesem Buch meine „Beliebtesten" zusammengestellt. Als Trainer, Coach oder Sportdirektor können Sie damit die Prozesse des eigenen und fremden Verhaltens fundiert analysieren und diskutieren.

Alle Fallstudien (engl. „Case Study") wurden in gruppendynamischen Prozessen erprobt und von uns vielfach erfolgreich eingesetzt. Auch wenn die Fälle zunächst einfach und überschaubar erscheinen, werden Sie schnell feststellen, welche Herausforderungen mit Substanz in diesen Beispielen steckt.

Fallstudien lösungsorientiert bearbeiten

Damit Ihnen die Bearbeitung der Fallstudien gelingt, erhalten Sie nachfolgend einige Tipps. Setzen Sie für jede Bearbeitung einen Zeitraum von etwa 45 bis 90 Minuten an und berücksichtigen Sie bitte, dass es zwar Lösungen, aber keine Musterlösungen gibt.

Tipps für die schrittweise Bearbeitung

Werfen Sie die Fragestellung auf und ordnen Sie das Problem in den entsprechenden Kontext ein. Beschreiben Sie das Problem so konkret wie möglich. Ordnen Sie das Thema in einen größeren Zusammenhang ein und gehen Sie folgendermaßen vor:

- Situationsbeschreibung genau lesen
- Bearbeitungszeit einteilen
- Vorgehensweise planen
- Fragestellung eingrenzen
- Problemstellung formulieren
- Lösungsalternativen erarbeiten
- Ergebnispräsentation mit Fazit erstellen

Bevor Sie sich der Bearbeitung einer Fallstudie widmen, ist es wichtig, dass Sie die Problemstellung erkennen. Haben Sie diese erkannt, beginnen Sie damit, das Problem zu strukturieren. Welche Schritte sind notwendig, um den Fall zu lösen? Um das Thema einzugrenzen und sich ihm zu nähern, sollten Sie Ihre Zeit sinnvoll einteilen und sich auf die wesentlichen Fakten fokussieren. Haben Sie alles berücksichtigt, geht es an die eigentliche Ausarbeitung der Fallstudie.

In der Einleitung werfen Sie die Fragestellung auf und ordnen das Problem in den entsprechenden Kontext ein. Beschreiben Sie das Problem so konkret wie möglich und geben Sie einen Einblick, wie Sie sich mit dem jeweiligen Thema auseinandersetzen. Des Weiteren erläutern Sie den Istzustand und gehen auf die Rahmenbedingungen ein. Stellen Sie klar, welchen Nutzen die Lösung der Fragestellung bringt. Damit geben Sie einen Ausblick, welchen Sinn Ihre Fallstudie eigentlich hat.

Während Sie an der Fallstudie arbeiten, sollten Sie die konkrete Fragestellung und Ihre definierten Ziele stets im Hinterkopf behalten. Das bildet den roten Faden für Ihre Ausarbeitung. Wie sind Sie das Thema angegangen, welche Schritte haben Sie unternommen?

Im Hauptteil beschäftigen Sie sich mit der Analyse des Problems. Sie erarbeiten Lösungsansätze und wenden diese auf das Problem an. Welche Alternativen gibt es und welche Voraussetzungen müssen dafür erfüllt sein? Erläutern Sie, wie Sie die Ausgangslage analysiert haben und welche eigenen Strategien Sie gewählt und umgesetzt haben, um Lösungsansätze zu finden. Begründen Sie Ihre Lösungsalternativen. Gehen Sie ins Detail. Was bewirkt Ihre Lösung ganz konkret? Stellen Sie die wichtigsten Kernaussagen heraus. Sie können auch einen Ausblick darauf geben, wie die nachfolgenden Schritte aussehen werden und was sich aus Ihrem Ergebnis für die Zukunft ergibt.

Kommen Sie auf den Punkt

Mit Ihrem Fazit stellen Sie Ihre gewonnenen Erkenntnisse und die daraus resultierenden Ergebnisse vor. Sie fassen Ihre Ergebnisse zusammen und regen zu weiterführenden Fragestellungen an.

Fallstudie Trainerwechsel

Connor ist als extrem detailversessener und kontrollorientierter Trainer bekannt. Er erwartet, dass seine Vorgaben und Ansagen konsequent umgesetzt werden. Großen Wert legt er auf Kondition, Taktik und Disziplin. Als er vor gut zwei Jahren das Team übernahm, gingen die Meinungen über ihn auseinander. Jedenfalls verließen einige Spieler den Verein, weil er mit ihnen oder sie mit ihm nicht zurechtkamen. Dafür kamen neue Spieler, darunter auch einige echte Top-Stars.

Als der Sportdirektor erwog, die Thematik mit Connor intensiv zu besprechen, waren die Probleme bereits beigelegt. Die verbliebenen und die neu verpflichteten Spieler hatten sich perfekt auf ihn eingestellt. Wenn Connor sein Team auch zur aktiven Teilnahme an den Taktik- und Teamsitzungen anregte, so erwartete er darüber hinaus die strikte Umsetzung einmal getroffener taktischer und personeller Entscheidungen.

Connor vermochte das Team zu stabilisieren und wurde mit der Mannschaft Vizemeister. Auch die Presse war mittlerweile voll des Lobes und der Meinung, dass Connor das Team zwar energisch, aber sehr erfolgreich führe. Vor allem wegen der positiven Presse und seiner hervorragenden Außendarstellung erhielt er ein lukratives Angebot von einem anderen Verein, das er als große Chance bezeichnete und schließlich annahm.

Das war vor einigen Monaten. Der Sportmanager dachte daran, den Posten des Cheftrainers mit einem international erfahrenen Top-Trainer zu besetzen. Er musste jedoch feststellen, dass sich die Suche als schwierig gestaltete. Nach mehreren Wochen der Suche konnte schließlich Henry davon überzeugt werden, die Position des Cheftrainers zu übernehmen. Henry genoss einen guten Ruf und nahm das Angebot sehr gerne an, weil er die Möglichkeit sah, weitere umfangreiche Erfahrungen bei einem namhaften Verein zu sammeln.

Henry war ein überzeugter Verfechter der transformationalen Führung. Seine Spielphilosophie beinhaltete insbesondere das Spiel gegen den Ball. Forechecking, Pressing und vor allem, das Spiel vom eigenen Strafraum fernhalten. Das Spiel mit dem Ball folgt dynamischen Prinzipien und wird zudem mental einstudiert. Henry trieb auch das Training von Automatismen und Standardsituationen intensiv voran. Zusätzlich zum Spiel gegen den Ball kam auch das Spiel mit dem Ball zum Einsatz, sodass bei Ballgewinn sofort bestimmte Spielzüge eingeleitet werden konnten. Das sollte vor allem der Entwicklung des Spiels Rechnung tragen, das dadurch immer schneller werden sollte, weil die Spielräume durch taktisches Verhalten verkürzt wurden. Henry hielt es zwar für erforderlich, den Spielern in sehr kurzen, aktiven Vorträgen seine Philosophie vorzutragen, war jedoch nicht bereit, immer wieder auf die Details seiner Idee einzugehen. Bereits nach kurzer Zeit war zu erkennen, dass das Team nicht annähernd die erwartete Leistung erbrachte.

In einem Gespräch mit dem Spielführer und dem Mannschaftsrat erfuhr der Sportdirektor, dass die Mannschaft unisono der Auffassung sei, dass Henry zwar viel theoretisiere, es ihm aber an Führungskompetenz fehle. Die Folge sei Frustration im gesamten Team. Die Mannschaft sei der Überzeugung, dass Henry es keinesfalls schaffe, das Ruder herumzureißen, selbst wenn er es wolle.

Bitte berücksichtigen Sie die Tipps für die schrittweise Bearbeitung von Fallstudien. Folgende Basisfragen sollten Sie dabei thematisieren:

1. *Wie beurteilen Sie Connors Führungskompetenz?*
2. *Wie beurteilen Sie Henrys Führungskompetenz?*
3. *Wie beurteilen Sie die Führungskompetenz des Sportdirektors?*
4. *War die Reaktion der Mannschaft vorherzusehen?*
5. *Sind Henry Führungsfehler unterlaufen? Wenn ja, welche?*
6. *Welche Führungsfehler sind dem Sportdirektor unterlaufen?*
7. *Was sollte der Sportdirektor jetzt unternehmen?*
8. *Was hätten Sie in der Situation von Anfang an anders gemacht?*
9. *Welche konkreten Lösungsalternativen schlagen Sie vor?*

Fallstudie Routinier

Felix, ein zwar noch sehr junger Trainer, agiert seit nunmehr drei Jahren als Cheftrainer. Vorher war er mehrere Jahre erfolgreich in einem Nachwuchs-Leistungszentrum tätig.

Sein Kader besteht aktuell mehrheitlich aus jungen Spielern. Es handelt sich um ein motiviertes, leistungsbereites und loyales Team, die meisten Spieler sind zwischen 20 und 22 Jahren alt und verstehen sich nicht zuletzt deshalb auf und neben dem Platz ausgesprochen gut.

Viktor, einer der „Routiniers“ (33), entwickelt sich mehr und mehr zum Außenseiter und Problemfall. Sollen taktische Veränderungen oder andere Neuerungen und Veränderungen eingeführt werden, ist Viktor der Erste, der all die Gründe aufführt, warum gerade dieses nicht sinnvoll oder praktikabel ist.

Nun, er hatte in der Vergangenheit durchaus auch öfter recht mit seinen Bedenken, doch allmählich wird er zusehends zum Bremser.

Jedoch – das geben alle in der Mannschaft zu – Erfahrung und Kompetenz hat er durchaus. Nur bringt er sie – von den skeptischen Randbemerkungen einmal abgesehen – nicht ein. „Ihr werdet schon sehen, dass das nicht klappt!“, ist sein häufig wiederholter Standardsatz.

Zudem ist er im Umgang mit den jungen Spielern nicht einfach. Einige jüngere Spieler beschweren sich sogar über seinen rüden Umgangston. Auch erfahrene Spieler geben an, zwischendurch schon einmal richtig aggressiv angebrüllt worden zu sein.

Jetzt steht ein wichtiges Spiel an, bei dem Felix nicht auf den Routinier verzichten will und kann. Dennoch ist ihm angesichts der Vorkommnisse in der Vergangenheit nicht ganz wohl bei dem Gedanken.

Bitte berücksichtigen Sie die Tipps für die schrittweise Bearbeitung von Fallstudien. Folgende Basisfragen sollten Sie dabei thematisieren:

1. Welche Motive liegen dem Verhalten des Routiniers zugrunde?

2. Wie schätzen Sie die Lernbereitschaft des Routiniers ein?

3. Was ist nun zu tun? Diskutieren Sie verschiedene Alternativen.

Fallstudie Suspendierung

Als neuer Trainer haben Sie sich in den letzten sechs Monaten schon recht gut etabliert. Natürlich war das eine Umstellung für Sie, plötzlich einen wirklichen Topverein zu übernehmen. Andererseits, von dem Geschäft verstehen Sie bereits eine ganze Menge.

Gleich zu Beginn haben Sie vieles umgestellt. Ihr Vorgänger war noch als Mann der „alten Schule“ bekannt. Sein Motto lautete: „Qualität kommt von quälen.“ Heute haben sich die Rahmenbedingungen geändert. Wichtig ist vor allem das Spiel gegen den Ball. Bei Ballgewinn müssen dann blind vorgegebene Spielzüge eingeleitet werden können. Dadurch wird das Spiel extrem schnell. Die Spielräume werden durch taktisches Verhalten verkürzt. Die Zeiten, in denen sich ein Spielmacher in aller Ruhe orientieren konnte, sind damit eindeutig vorbei. Ihr Ziel ist es, eine schlagkräftige und erfolgreiche Mannschaft zu etablieren.

Allerdings ist da – wie so oft – ein Haar in der Suppe. Während Sie grundsätzlich ein gutes Verhältnis zu Ihrem 27-köpfigen Kader haben, gibt es dennoch ein Problem. Es geht um einen echten Publikumsliebling und „Weltstar". Er ist Leitfigur und Vorbild, ein wahrer Vollblutprofi. Allerdings passt er nicht in Ihr System. Außerdem meinen Sie, dass von dem Vollblutprofi nicht mehr viel übrig geblieben ist. Ihr sportpsychologischer Berater ist übrigens der gleichen Meinung wie Sie. Zu Ihren ersten Handlungen gehörte es deshalb, ihn nach und nach auszubooten.

In mehreren Gesprächen haben Sie versucht, ihn von einem Wechsel zu überzeugen. Die Presse erinnert fortwährend an seine Erfolge und stellt Ihre Anstrengungen negativ dar. In der nächsten Woche werden Sie mit ihm nochmals seine neue Rolle besprechen. Sie hoffen, dass er sich damit anfreunden kann. Trotzdem sehen Sie dem Vier-Augen-Gespräch mit gewissen Bedenken entgegen. Natürlich wird er Loyalität und Einsatz schwören. Das tut er stets, wenn er bei Ihnen im Gespräch sitzt. Andererseits sehen Sie bereits den Pressewirbel, wenn Sie ihn suspendieren.

Bitte berücksichtigen Sie die Tipps für die schrittweise Bearbeitung von Fallstudien. Folgende Basisfragen sollten Sie dabei thematisieren:

1. *Halten Sie es für erforderlich, hier einzugreifen?*
2. *Welche Gespräche sollten in diesem Fall geführt werden?*
3. *Mit welchen Inhalten sollten die Gespräche geführt werden?*
4. *Welche rechtlichen Aspekte sind zu berücksichtigen.*

Fallstudie Cheftrainer

Sie wurden vor drei Monaten zum Cheftrainer ernannt und sind seitdem für einen Kader von 29 Spielern verantwortlich. Die Umstellungsschwierigkeiten waren doch größer, als Sie sich das vorgestellt hatten. Nur durch den intensiven Einsatz von Zeit und Energie konnten Sie sich in Ihrer neuen Position etablieren. Es ist halt zweierlei: Aufgaben eines Co-Trainers zu übernehmen oder als Cheftrainer Verantwortung zu haben und Menschen zu führen. Eigenartigerweise erwuchsen Ihnen Schwierigkeiten aus einer Richtung, aus der Sie sie am wenigsten erwartet hatten: Der Spieler Gerrit, mit dem Sie seit Jahren eng befreundet sind, stellt sich extrem quer. Früher haben Sie jedes zweite Wochenende mit ihm und seiner Freundin verbracht; bei einem seiner Söhne sind Sie sogar der Taufpate.

Aufgrund der neuen und hohen Anforderungen, die auf Sie als Cheftrainer zukamen, haben Sie sich jeden Abend hingesetzt und gearbeitet. Dadurch ist der private Kontakt zu Gerrit beinahe zum Erliegen gekommen. Als Sie nach einer längeren Pause vor drei Wochen mal wieder einen Abend bei Gerrit verbrachten, machten er und seine Freundin Ihnen Vorwürfe: Seit der Beförderung zum Cheftrainer seien Sie ein ganz anderer Mensch geworden. Sie würden jetzt ganz anders denken. Offensichtlich hätte man Sie einer Gehirnwäsche unterzogen. Auch Ihre Partnerin griff aktiv in die hitzige Diskussion ein – zum einen, um Sie zu unterstützen, aber auch, um Sie zu verteidigen. Mit einem flauen Gefühl in der Magengegend haben Sie sich schließlich verabschiedet. Neuerdings stellen Sie fest, dass Gerrits Leistungsbereitschaft stark zurückgegangen ist. Beim Training macht er in der Regel Dienst nach Vorschrift. Als besonders schlimm empfinden Sie jedoch, dass die Haltung Ihres (Ex-) Freundes zum Teil auf das gesamte Team abfärbt. Bei der letzten Teamsitzung wurden Sie sogar von einigen Spielern demonstrativ mit „Herr Cheftrainer“ angeredet. Sie gehören nicht zu jenen, die bei Konflikten Hilfe von oben erwarten. Bevor Sie Ihrem Sportvorstand berichten, welche Schwierigkeiten Gerrit Ihnen macht, wollen Sie die Sache selbst aus der Welt schaffen.

Bitte berücksichtigen Sie die Tipps für die schrittweise Bearbeitung von Fallstudien. Folgende Basisfragen sollten Sie dabei thematisieren:

1. *Sind Ihnen bereits Führungsfehler unterlaufen?*
2. *Was hätten Sie von Anfang an anders machen können?*
3. *Welche Gespräche hätten Sie unbedingt führen sollen?*
4. *Mit welchen Schwerpunkten hätten Sie diese Gespräche geführt?*
5. *Wie gehen Sie das kommende Gespräch mit dem Spieler an?*
6. *Welche weiteren Vorschläge können Sie in diesem Fall unterbreiten?*

Fallstudie Teamklima

Zum Saisonbeginn haben Sie ein recht junges Team übernommen, dabei ist die Bezeichnung „Team“ voll gerechtfertigt. In der Mannschaft und auch im Trainerstab herrscht ein offener Umgangston, der Zusammenhalt des Teams ist hervorragend und die Leistungen sind mehr als überzeugend. Das hohe Leistungsniveau des Teams ist sicher ganz wesentlich darauf zurückzuführen, dass nicht nur jeder Einzelne ein guter Fußballer ist, sondern auch darauf, dass die gegenseitige Unterstützung im gesamten Kader extrem gut funktioniert.

Beim letzten Spiel hatten Sie wieder einmal Gelegenheit, besonders stolz auf Ihr Team zu sein. Der Gegner war eine wirkliche Hausnummer und die zu lösenden Aufgaben waren erheblich. Besonders „heiß“ ging es in der Schlussphase des Spiels zu. Einige Einzelaktionen gingen zwar daneben, aber letztlich konnte der Sieg nach Hause gefahren werden.

Nachdem dieser wichtige Sieg ausgiebig gefeiert worden war, trat eine verdiente zweitägige Ruhepause ein. Das nächste Spiel soll erst in zwei

Wochen starten, sodass jetzt Zeit ist, das Eintrainieren von Automatismen voranzutreiben, sodass bei Ballgewinn bestimmte Spielzüge eingeleitet werden können und diese dann blind ablaufen. Das muss nicht immer das schnelle Spiel in die Spitze sein, das können auch Dreiecke sein, die immer wieder neu gebaut werden müssen.

Jetzt fällt Ihnen ein verändertes Klima in der Mannschaft auf. Nach Trainingsende – sonst zu regem Informationsaustausch und privaten Gesprächen genutzt – sind selten noch alle dabei. Einige Male ist es passiert, dass mehrere Spieler zusammenstanden und bei Ihrem Herannahen auseinandergingen, als hätten sie etwas über Sie gesagt, was Sie nicht mitbekommen sollten. Ein solches Verhalten ist für Sie neu.

Heute nun sind zwei Spieler aus dem Mannschaftsrat zu Ihnen gekommen und haben Sie darüber in Kenntnis gesetzt, dass es Schwierigkeiten im Team gebe. Dies hänge damit zusammen, dass Holger und Philipp sich neuerdings absonderten, das heißt, dass die beiden häufig später als die anderen zum Duschen gingen, zusammen im Kraftraum trainierten und – wie Sie ja wohl auch gemerkt hätten – nun schon mehrfach gemeinsam auf Tour gewesen seien. Bei den Terminsitzungen, die der Vorbereitung des nächsten Spiels dienten, hätten einige immer öfter das Gefühl, die zwei seien nicht ganz bei der Sache, sodass man nicht voll auf sie zählen könne. Außerdem spielten sich die beiden die Bälle zu: Wo sie einander früher konstruktiv kritisiert hätten, wären sie jetzt stets einer Meinung. Zum Schluss offenbarten Ihnen die beiden Spieler aus dem Mannschaftsrat Folgendes: „Wissen Sie, Trainer, wir glauben, Holger und

Philipp haben bereits bei einem anderen Club unterschrieben. Wenn das so weitergeht, werden wir spätestens bei den nächsten Spielen nicht mehr das erfolgreiche Team sein, das wir einmal waren."

Bitte berücksichtigen Sie die Tipps für die schrittweise Bearbeitung von Fallstudien. Folgende Basisfragen sollten Sie dabei thematisieren:

1. *Halten Sie es für erforderlich, hier tätig zu werden?*
2. *Was werden Sie tun, wenn sich das Verhältnis nicht bestätigt?*
3. *Was werden Sie tun, wenn sich das Verhältnis bestätigt?*
4. *Mit welchen Personen werden Sie sprechen?*
5. *Warum werden Sie gerade mit diesen Personen sprechen?*
6. *Welche weiteren Aktivitäten werden Sie in Gang setzen?*

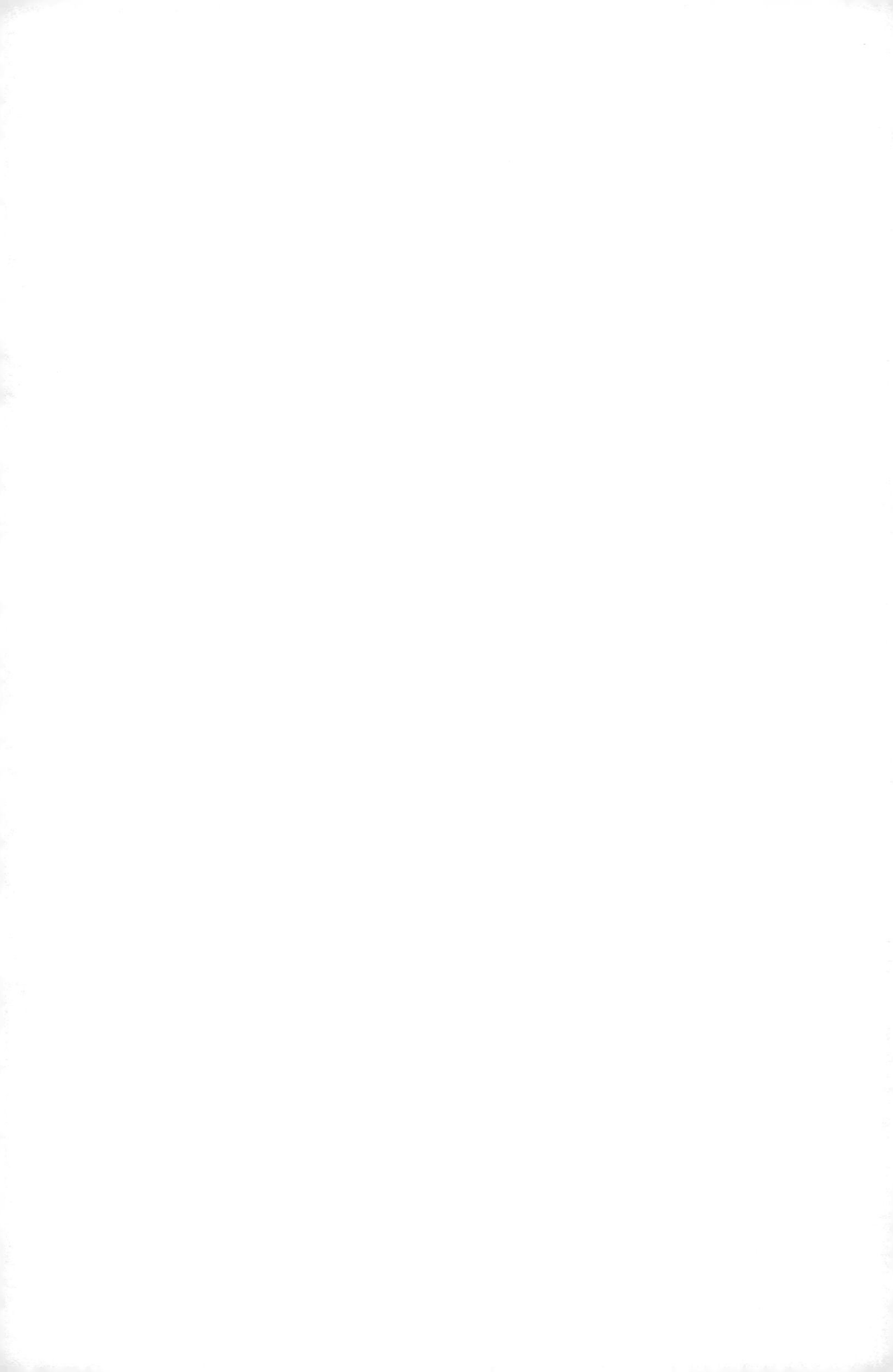

Fallstudie Selbstmanagement

Rouven, 42 Jahre alt, verheiratet, 2 Kinder, ist seit einem Jahr als Sportvorstand tätig. In dieser Funktion unterstehen ihm ein Sportdirektor und weitere 5 Mitarbeiter. Außerdem gibt es viele Schnittstellen zu anderen Funktionsbereichen, hierzu sind schon vor geraumer Zeit „Weekly" installiert worden. In letzter Zeit häufen sich Situationen, bei denen Rouven sich eingestehen muss, dass es sich hier nicht mehr allein um die typischen Anlaufschwierigkeiten handeln kann.

Nach wie vor haben er und sein Team häufig Probleme, die knapp gesetzten Termine einzuhalten; Projekte müssen dann entweder mittels Überstunden oder nicht so ausgefeilt, wie er sich das gewünscht hätte, abgeschlossen werden.

Obwohl Rouven sein tägliches Arbeitspensum auf hohem Niveau eingefroren hat, sieht er sich immer wieder gezwungen, Arbeit mit nach Hause zu nehmen oder noch einmal ins Büro zu kommen. Seine E-Mails liest und beantwortet er schon seit Längerem fast nur abends zu Hause.

Seine Frau hat in der Vergangenheit deshalb wiederholt geäußert, er habe überhaupt keine Zeit mehr für sie und die beiden Töchter. Dabei hat er andere private Aktivitäten längst auf Eis gelegt. Ab und zu hat auch schon der eine oder andere aus dem Trainerstab angedeutet, er sei kaum ansprechbar und habe keine Zeit für die Themen und die Anliegen seines Staffs.

Allmählich stellt sich bei Rouven ein diffuses Gefühl der Unzufriedenheit ein, und er befürchtet ein ebensolches auch bei seiner Mannschaft. Deshalb lässt er eine typische Arbeitswoche in Gedanken Revue passieren. Zunächst fällt ihm mit Schrecken ein, was er in der letzten Woche eigentlich alles erledigen wollte. Teils hat er die Aktivitäten zwar begonnen – er konnte sie jedoch nicht beenden –, teils ist er gar nicht erst dazu gekommen.

Dabei hat er letzte Woche keinen Tag vor 21:00 Uhr sein Büro verlassen und auch seine Mitarbeiter waren deutlich über die reguläre Zeit hinaus vor Ort. Wo ist die Woche geblieben? Warum ist er nicht dazu gekommen, wichtige Aktivitäten zu erledigen?

Da sind zum einen die Besprechungstermine, die er wahrzunehmen hat. Damit ist ein großer Teil seines Tages bereits verplant. Nervig sind auch die ständigen Unterbrechungen durch Anrufe von Spielerberatern oder aus anderen Bereichen. Sicherlich sind viele Anfragen bei ihm an der richtigen Stelle, wiederum andere könnten seine Mitarbeiter ebenso gut erledigen. Allerdings möchte er diese Auswahl nicht seiner Assistentin oder den Mitarbeitern überlassen, denn sie wissen nicht im Detail, wer welches Projekt bearbeitet, und können somit die Wichtigkeit oder die Dringlichkeit der einzelnen Anrufe beziehungsweise der Anrufer nicht zuverlässig einschätzen. Zudem bieten diese Anrufe eine ausgezeichnete Kontrollmöglichkeit. Außerdem bleibt er so auf dem aktuellen Stand.

Und besonders wichtige Projekte erledigt Rouven auch lieber selbst. Sein gesamtes Team ist zwar sehr bemüht, doch noch ziemlich jung und unerfahren. Deshalb pflegt er, das Vorgehen seiner Mitarbeiter im Detail zu überprüfen, wenn nicht gerade etwas noch Dringenderes dazwischenkommt. Denn immer wieder musste er in der Vergangenheit feststellen, dass vieles noch einen Deut besser hätte sein können. Seine Mitarbeiter scheinen wohl andere Prioritäten zu setzen. Rouvens Qualitätsanspruch liegt da deutlich höher. Bei einem Mitarbeiter lässt ihn allerdings das Gefühl nicht los, dass dieser bei jedem Problem zu ihm kommt und er die Themen gerne rückdelegiert.

Bitte berücksichtigen Sie die Tipps für die schrittweise Bearbeitung von Fallstudien. Folgende Basisfragen sollten Sie dabei thematisieren:

1. *Wo sehen Sie Planungs- und Organisationsdefizite?*
2. *Wie beurteilen Sie die Prioritätensetzung und Fokussierung?*
3. *Wo erkennen Sie Handlungsbedarf im Tagesablauf?*
4. *Wie bewerten Sie das konkrete Führungsverhalten?*
5. *Wie und wo kann das Selbstmanagement konkret optimiert werden?*
6. *Welche Lösungsvorschläge haben Sie?*

Fallstudie Sportrecht

Für vier Spielzeiten trainierte Thorsten die U23 eines Bundesligisten. Als das Regionalligateam in akute Abstiegsgefahr geriet, stellte der Club den Coach frei. Dass sich die Wege sowieso bald trennen würden, war zum damaligen Zeitpunkt bereits abzusehen. Zweieinhalb Wochen vor der Freistellung hatte der Club angekündigt, Thorstens im Sommer auslaufenden Vertrag nicht zu verlängern. Ein junger, engagierter Trainer aus dem Nachwuchsleistungszentrum sollte den Job übernehmen. Aufgrund der sportlichen Talfahrt zogen die Verantwortlichen diesen Schritt allerdings um einige Wochen vor.

Jetzt läuft ein Nachspiel vor Gericht. Thorsten hat den Club verklagt. Es geht darum, dass er die Befristung seines Vertrages für unwirksam hält. Er möchte eine Weiterbeschäftigung durchsetzen. Dies begründet Thorstens Anwalt wie folgt: „Da der Coach länger als zwei Jahre für den Club tätig war, ist das Arbeitsverhältnis als unbefristet anzusehen, auch wenn es im Vertrag anders festgehalten wurde. Nur ein Sachgrund hätte eine Befristung gerechtfertigt. Doch dieser ist nicht gegeben. Es hieß aus heiterem Himmel, dass der Verein nicht verlängern möchte. Der Coach wurde einfach ausgetauscht. Das ist arbeitsrechtlich nicht in Ordnung."

Dem widerspricht der Anwalt der Gegenseite: „Aus Sicht des Ex-Clubs ist das Arbeitsverhältnis gemäß der im Vertrag verankerten Laufzeit ordnungsgemäß zum 30. Juni ausgelaufen. Auf dieses Ende des Vertrages und die damit branchenübliche Befristung hatten sich beide Parteien bei der Unterzeichnung ausdrücklich und einvernehmlich verständigt. Nur bei einem Aufstieg in die 3. Liga hätte sich Thorstens Vertrag automatisch verlängert."

Das Arbeitsgericht hat Thorsten in erster Instanz recht gegeben. Der Club hat Berufung eingelegt und bemüht sich um eine außergerichtliche Einigung.

Bitte berücksichtigen Sie die Tipps für die schrittweise Bearbeitung von Fallstudien. Folgende Basisfragen sollten Sie dabei thematisieren:

1. *Halten Sie eine Befristung von Verträgen im Fußball für zulässig?*
2. *Welche Entscheidungen dazu gibt es bereits vom BAG?*
3. *Ist eine Befristung im Fußball als branchenüblich anzusehen?*
4. *Sind Fußballer und Trainer „klassische" Arbeitnehmer?*
5. *Erkennen Sie einen Sachgrund für eine Befristung?*
6. *Sollten Vereine eine Befristung zukünftig „abkaufen" müssen?*
7. *Empfehlen Sie dem Club eine außergerichtliche Einigung?*

Literaturquellen

Alles wird anders
Bernd Ulrich
Köln 2018

Bedienungsanleitung für ein menschliches Gehirn
Gerald Hüther
Göttingen 2007

Besser verhandeln
Jutta Portner
Offenbach 2010

Best of Birkenbihl
Vera F. Birkelbihl
München 2020

Crew Resource Management
Barbara G. Kanki
Cambridge 2010

Das Future-Proof-Mindset
Sandra Navidi
München 2021

Das Prinzip Selbstverantwortung
Reinhard K. Sprenger
Frankfurt am Main 2015

Das Tor zum Erfolg
Alex Banayan
München 2021

Demotivation – Remotivation
Rolf Wunderer und Wendelin Küpers
Kriftel 2002

Der agile Kulturwandel
Svenja Hofert und Claudia Thonet
Köln 2019

Der Chef, den ich nie vergessen werde
Alexander Groth
Frankfurt am Main 2017

Die letzten Geheimnisse der größten Trainerlegenden
Matthias Brügelmann
Bielefeld 2022

Die Macht der guten Gefühle
Barbara L. Fredrickson
Frankfurt am Main 2011

Die Posträuber-Methode
Hedwig Kellner
München 2001

Echte Gefühle
Manfred Batz
Borsdorf 2014

Eine Frage der Haltung
Bodo Janssen
München 2021

Ethik für Manager
Rupert Lay
München 1996

Führen, Fördern, Coachen
Elisabeth Haberleitner und Elisabeth Deistler
München 2009

Führung und Zusammenarbeit
Rolf Wunderer
Kriftel 2011

Führungsstark im Wandel
Alexander Groth
Frankfurt am Main 2016

Gut drauf sein, wenn's drauf ankommt
Hans Eberspächer
München 2008

Handeln wie ein Shaolin
Bernhard Moestl
München 2017

Hans Sarpei's Fußballküche
Hans Sarpei
Berlin 2021

Ich weiß, was du denkst
Thorsten Havener
Hamburg 2009

Iss dich zum Profi
Mathis Bartholmy
Berlin 2022

Kommunikationstraining
Vera F. Birkenbihl
München 2013

Leadership Is Language
L. David Marquet
München 2020

Management-Navigator
Stefan Doblhofer
Wien 2008

Mehr schaffen ohne geschafft zu sein
Mathias Fischedick
München 2021

Mitarbeitergespräche
Rüdiger Hossiep
Göttingen 2020

Miteinander reden von A bis Z
Friedemann Schulz von Thun
Reinbek 2012

Mittwochs am Meer
Alexander Oetker
Hamburg 2021

Mythos Leadership
Isabel Nitz und Manfred Batz
Borsdorf 2022

Objectives and Key Results
Patrick Lobacher und Christian Jacob
Frankfurt 2017

Projektmanagement und Agilität
Torsten Hollerbach
Landshut 2022

Purpose und Vision
Franz-Rudolf Esch
Frankfurt am Main 2021

Quiet Leadership
Carlo Ancelotti
München 2017

Reinventing Organizations
Frederic Laloux
München 2015

Resilienz
Klaus Fröhlich-Gildhoff und Maike Rönnau-Böse
Stuttgart 2022

Richtig gut aufgestellt
Manfred Batz
Borsdorf 2014

Spielregeln für Game Changer
Kerstin Friedrich
Offenbach 2020

Stroh im Kopf?
Vera F. Birkenbihl
München 2013

The Pilot Factor
Jean Denis Marcellin
North Charleston 2014

Training & Erfolg
Manfred Batz und Matthias Bialas
Borsdorf 2013

Transformationale Führung
Peter Finckler
Heidelberg 2016

Transformationale Führung kompakt
Phil Heyna und Karl-Heinz Fittkau
Heidelberg 2021

Turn The Ship Around!
L. David Marquet
München 2015

Wenn Höflichkeit reinhaut
Peter Modler
Frankfurt am Main 2022

Wenn Sie wüssten, was Sie können
Dirk Schmidt
Düsseldorf 2014

Wie du Menschen loswirst, die dir nicht guttun
Andrea Weidlich
München 2021

Zündstoff für Andersdenker
Anja Förster und Peter Kreuz
Hamburg 2017

Stichwortübersicht

Der Autor Manfred Batz

Beim Thema „Leadership" geht kein Weg an Manfred Batz vorbei. Der mehrfach ausgezeichnete Powertyp gilt national und international als der TOP 100 Experte für Leadership in Business und Fußball.

Manfred Batz studierte Wirtschaftswissenschaften mit den Schwerpunkten Unternehmensführung, Marketing und Personalmanagement an den Universitäten Essen (UDE) und St. Gallen (HSG). Er war unter anderem Mitarbeiter des international renommierten Führungsexperten Prof. Dr. Rolf Wunderer. Manfred Batz verfügt über langjährige Erfahrung in Management- und Vorstandsfunktionen in Unternehmen wie Heidelberg-Cement, Apple oder Nixdorf Computer. Gerne provoziert er als Keynote Speaker mit innovativen und rebellischen Thesen zu den Themenbereichen Leadership und Management.

Als Kind des Ruhrgebiets kam er schon in sehr jungen Jahren auch mit dem Fußball in Berührung. Aktuell ist Manfred Batz als FIFA Player's Agent tätig und berät mit seinem Team Fußballprofis und Young Talents.

Die Agentur Batz & Bialas

Die Spielerberatung und -vermittlung Batz & Bialas Management GmbH ist aus der Verschmelzung der Unternehmensberatung Batz & Team Consulting GmbH (gegründet 1991) und der Batz & Bialas Management GmbH (gegründet 2007) im Jahr 2022 entstanden. Die erfolgreichen und vielfältigen Erfahrungen im Topmanagement bildeten den Startschuss für die Agentur und haben Purpose, Strategie und Konzept nachhaltig geprägt. Human Touch, Reputation, Professionalität, Seriosität und vor allem Zuverlässigkeit sind die Werte, die uns innerhalb kurzer Zeit zu einer anerkannten Agentur im Fußball haben werden lassen.

Wir bieten unseren Klienten ein vertrautes Umfeld, in das sie sich jederzeit zurückziehen können. Regelmäßiger persönlicher und digitaler Kontakt, Trainings- und Spielbesuche sowie Unterstützung in verschiedenen Lebenslagen bilden die Basis unseres umfassenden Dienstleistungskonzeptes. Dabei verstehen wir uns sowohl als Partner von Sportlern als auch Vereinen. Als Geschäftsführer des Unternehmens fungieren Manfred Batz, Matthias Bialas und Thomas Czarnetzki, unterstützt von einem knapp 20 Mitarbeiter*innen starken Netzwerk, welches sich über Deutschland, aber auch über die europäischen Grenzen hinaus bis nach Brasilien erstreckt.

Profis und Nachwuchstalenten versprechen wir nicht das Blaue vom Himmel, stattdessen nehmen wir eine wissenschaftlich fundierte und realistische Chanceneinschätzung vor. Um allen Spielern auch im Anschluss an die sportliche Karriere eine berufliche Entwicklung und Perspektive zu bieten, unterhalten wir bundesweit enge Kontakte zu namhaften Unternehmen. Das Dienstleistungsangebot umfasst drei Units.

Business Unit Executive Search

Im Dienstleistungsbereich der Bundesligaprofis und lizenzierten Trainer arbeiten wir ausnahmslos nach dem Konzept Executive Search.

Business Unit Young Talents by BB

Unit Young Talents by BB konzentriert sich auf Talente zwischen 19 und 24 Jahren. Diese Talente sind auch auf der offenen Plattform „Transfermarkt“ für Interessenten zugänglich.

Business Unit Career Center

Im Career Center finden sich U17- und U19-Bundesligaspieler. Auf der Plattform „Transfermarkt“ versehen mit dem Hinweis „Berater bekannt“.

Egal ob Topstars oder Talente, beiden Zielgruppen ist eines gemein: Die Berater stehen Schlange und akquirieren aggressiv. Wir arbeiten ausnahmslos anders, überzeugen durch hohe Kompetenz und setzen auf Empfehlungen mittels Mund-zu-Mund-Propaganda.

Stiftung Power4Talents

Mit unserer Stiftung und dem Leitsatz „Zukunft gestalten – Integration leben" unterstützen wir konzeptionsstarke und zukunftsweisende Fußballprojekte mit den Werten Diversity, Toleranz, Integration und Demokratie. Wir setzen dabei auf die Strahlkraft und die Sogwirkung der von uns geförderten Ideen, die aufgrund ihrer Innovationskraft breite Beachtung und Anerkennung finden.

Medizinisches Netzwerk

Neben dem Netzwerk auf Spieler- und Vereins- sowie Unternehmensseite pflegen wir eine intensive Zusammenarbeit mit den renommiertesten Fachleuten relevanter sportmedizinischer Disziplinen. Dabei ist die Orthopädie der stark frequentierte Fachbereich, um spezifischen Fragestellungen fundiert auf den Grund zu gehen. Hier bieten wir exklusive Zugänge, um Diagnostik, Behandlung und Rehabilitation auf allerhöchstem Niveau sicherzustellen.

Leadership Masterclass

Schon seit mehreren Jahren sind wir der Veranstalter der Masterclass „Future Leadership im Profifußball" für Trainer und Sportdirektoren.

Zukunftsoffen

Wir sind offen für neue technische Entwicklungen und alles, was den Fußball in seinem Kern vorwärtsbringt. Ein exemplarisches Beispiel ist unsere enge Kooperation mit führenden Dienstleistern zum Thema Digitalisierung. Unsere Kommunikation und Weiterbildung erfolgt mit der internen WebApp go2Web.academy, die Kommunikation mit Spielern und Vereinen zusätzlich über unsere interne WebApp INStat.

Außerdem sind wir in der Lage, binnen weniger Sekunden digitale Reports zu erstellen, die den Vergleich von Fußballdaten und Leistungskennzahlen ermöglichen, um wichtige Entscheidungen faktenbasierend zu treffen, indem mehr als 100 Parameter in 271 Ligen verglichen werden können.

Was können wir für Sie tun?

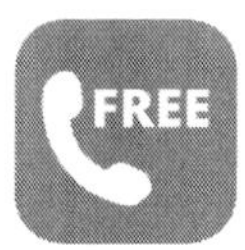

0800 93 21 200

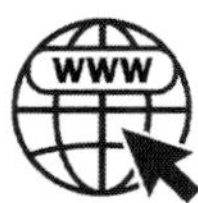

batzbialas.com

batzbialas

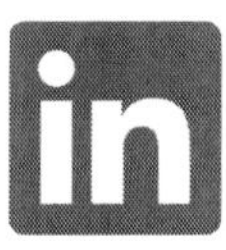

batz & bialas management gmbh